周易提示的任事原则

李自平　成瑾　著

企业管理出版社
ENTERPRISE MANAGEMENT PUBLISHING HOUSE

图书在版编目（CIP）数据

周易提示的任事原则 / 李自平，成瑾著 . —北京：企业管理出版社，2019.11

ISBN 978-7-5164-2044-7

Ⅰ . ①周… Ⅱ . ①李… Ⅲ . ①《周易》—应用—企业—管理—通俗读物 Ⅳ . ① F272-49

中国版本图书馆 CIP 数据核字（2019）第 227141 号

书　　名：周易提示的任事原则
作　　者：李自平　成　瑾　著
责任编辑：尚元经
书　　号：978-7-5164-2044-7
出版发行：企业管理出版社
地　　址：北京市海淀区紫竹院南路17号　　邮编：100048
网　　址：http：//www.emph.cn
电　　话：编辑部（010）68414643　　发行部（010）68701816
电子信箱：qiguan1961@163.com
印　　刷：北京市密东印刷有限公司
经　　销：新华书店
规　　格：148毫米 × 210毫米　32开本　9.75印张　168千字
版　　次：2020年7月第1版　2020年7月第1次印刷
定　　价：46.00元

序言

世上所有学问都是人所做，也都是为人生活更好而做。两千多年前的圣人孔子明确提出“君子谋道不谋食。耕也，馁在其中矣；学也，禄在其中矣。君子忧道不忧贫。”孔子所论清楚明白。所以“谋道不谋食”，是因耕田难以免于饥饿；学习却可增长才干，具备任事能力，能解决俸禄问题。饱腹、俸禄是目的,耕田和学习是解决“饥饿”和“俸禄”的“道”，实现途径。各种学问，都是实现人不同目的的“道”。《周易》也不例外。

东汉班固在《汉书·艺文志》中以“人更三圣,世历三古”总结《周易》的成书时代和作者。三圣是指伏羲、周文王和孔子。伏羲画八卦推演事情发展的情状和过程。周文王被商纣囚禁监狱，将八卦相重，发展为六十四卦，衍生出应对更多情况的措施。到东周，孔子为《易》作传，从而使占卜术的《易》具有哲学意义，流传至今。由伏羲、周文王、孔子分处上古、中古、下古三阶段，称《易》“世历三古”。难以确定起于何时的《易》仍留存至今，本身就确证了它的意义，能解决实际问题。

《周易》强调的最高价值内涵是“时中”

《周易》特别强调“时中”，即根据情况采取措施。“时”是对所面对情况的统称。“时中”,措施正中其“时”,非常恰当，能解决所面临的问题。凡任事，第一步是准确把握所面对之情况，二是认识欲实现之目的，三是梳理现实情状和目的间的差别，四是谋划消除这些差别的措施。

即使“时中”思想起于“下古”的孔子，也堪称高明之至。因今天的我们，若非认真学习，亦难有此自觉。故成书于2500年前的《周易》强调措施“时中”，是很了不起的贡献。

《周易》64卦，384爻，都象征不同情况，所有卦爻象及其所对应辞，都针对所象征情况，提示应对措施。这既是易的重点，更是任事当有的自觉。

《周易》开启的中国文化演化出了“尊贤为大”的贤哲文化和贤哲政治

孔子专为乾卦辞“元亨利贞”一个“利”字作文言为“利者，义之和也”，明确强调“利”是“义之和”。在孔子“利者，义之和也”基础上，据传由孔子嫡孙子思所著《中庸》明确强调，“仁者人也，亲亲为大；义者宜也，尊贤为大”。即到子思已明确，中国妇孺皆知的“仁义”的“义”为“尊贤为大”，由此开启了渗透于社会生活所有方面的“贤哲文化”。

后受教于子思的亚圣孟子在其“尽心上”末章明确提出：“知者无不知也，当务之为急；仁者无不爱也，急亲贤之为务。

尧舜之知而不遍物，急先务也；尧舜之仁不遍爱人，急亲贤也。……”更有朱熹注《孟子》引：丰氏曰：“智不急于先务，虽遍知人之所知，遍能人之所能，徒弊精神，而无益于天下之治矣。仁不急于亲贤，虽有仁民爱物之心，小人在位，无由下达，聪明日蔽于上，而恶政日加于下，此孟子所谓不知务也。”可见，到孟子就已确定中国文化妇孺皆知的“仁、义”内涵都是“尊贤为大”。

但遗憾的是，或难以考究在何时，何种情况下历史放弃了孟子强调的“尧舜之仁不遍爱人，急亲贤也”，而多把“仁”理解为“孝敬自己双亲最重要”。

由上述可确证，孟子已明确，“仁”“义”既是做人的根本,也是为政的根本。社会当恪守的根本原则就是“尊贤为大”，这完全确定了贤哲文化。不难理解，即使诚心孝敬父母，如社会非贤者在位，造成动乱，最多不过背着父母逃命，共同尸抛荒野，何谈孝敬父母？随着“仁”“尊贤为大”之义于孟子后泯灭，社会的“尊贤”“尚贤”制度，更多流于口号。或正如清初名臣孙嘉淦在其“三习一弊”奏疏中说：“夫进君子而退小人，岂独三代以上知之哉！虽叔季之世（衰乱的末代时势）临政愿治，孰不思用君子？且自智之君（自信为很高明的领袖们），各贤其臣（各人都以为自己所用的人都是贤者）。孰不以为吾所用者必君子,而决非小人。然乃卒于小人进而君子退……小人挟其所长以善投，人君溺于所习而不觉。审听之而其言入耳，谛观之而其貌悦目，历试之而其才称乎心也。于是乎小人不约而自合，君子不逐而自离。夫至于小人合而君子离，其患可胜言哉！”可见谁都知道治国关键在用人，但如何正确对人才察举选用，确非易事。如能形成“尚贤”“向贤”文化氛围，贤者在位，必然呈现泰卦象征的政通人和繁荣，何以会有对长辈的不孝、不尊，社会何以不和乐安康?

至今难以考究到孟子已明确的“仁”“义”都是“尊贤为大”为什么失传，似乎即使所谓国学学者也不过说说“仁者爱人”，少有强调“仁”“义”都是“尊贤为大”。没有以“尊贤为大”为核心内涵的制度保障，和谐只能流于空谈，很难实际落实。

不难理解，由“仁义”都以“尊贤为大”，演化为我国特有的“贤哲文化”及“贤哲政治”具有深远意义。社会人事安排能否以“尊贤为大”为原则，会广泛深刻影响社会生活各方面。对“尊贤为大”原则，其要不在理解，主在落实。落实首需解决“小人挟其所长以善投，人君溺于所习而不觉。审听之而其言入耳，谛观之而其貌悦目，历试之而其才称乎心也。于是乎小人不约而自合，君子不逐而自离”的问题。

胡适先生提示了《周易》要点和学易方法

胡适《中国哲学史大纲》第四篇孔子之第三章“易”，当是其所理解的《周易》要点。

《易经》这一部书，古今来多少学者做了几屋子的书，也还讲不明白。我讲《易经》和前人不同。我以为从前一切河图、洛书、谶纬术数、先天太极，……种种议论，都是谬说。如今若要懂得《易经》的真意，须先把这些谬说扫除干净。

我讲《易》，以为一部《易经》，只有三个基本观念：(一)

易，（二）象，（三）辞。

第一，易，易是变易的易。

天地万物都不是一成不变的，都是时时刻刻在那里变化的。孔子有一天在一条小河上，看那滚滚不绝的河水，不觉叹了一口气说道：

逝者如斯夫！不舍昼夜！

一部《易》讲“易”的状态，以为天地万物的变化，都起于一个动字。何以会有“动”呢？这都因为天地之间，本有两种原力：一种是刚性的，叫做“阳”；一种是柔性的，叫做“阴”。这刚柔两种原力，互相冲突，互相推挤，于是生出种种运动，种种变化。所以说：“刚柔相推而生变化。”又说：“一阴一阳之谓道”。……在《易经》里，阳与阴两种原力，用“——”“--”两种符号代表……

胡适先生上述要点，一是《周易》指出了“天地万物”都是运动变化的。二是事物运动发展是由阳与阴两种原力决定的。三是《周易》中分别用“——”“--”两种符号不同结构的“卦”，象征了阳与阴两种原力相互作用的不同状态。四是能理解《易》不同卦爻的相互关系，就能认识达到预期目的的任事原则。依之而行，就能达到预期目的。

也就是说，由《周易》象征了“天地万物”的运动变化规律，即所有事物运动变化规律都纳入《周易》象征中。二是事物运动发展是由阳与阴两种原力决定，不同卦的阴阳爻结构，象征事物的不同状态。根据卦爻象，可认识处于相应状态应当做什么以及如何去做。

冯友兰先生对易的认识提示了用易方法

冯友兰先生晚年提出：周易哲学可以称为宇宙代数学，代数学是算学中的一个部门，但是其中没有数目字，它只是一些公式。这些公式用一些符号表示了出来。对于数目字说，这些公式只是些空套子。正是因为它们是空套子，所以任何数目字都可以套进去。我说周易可以称为代数学，就是这个意思。周易本身不讲具体的天地万物，而只讲一些空套子，但是任何事物都可以套进去，这就叫“神无方而易无体”。

认真玩味冯先生“周易哲学可以称为宇宙代数学”之说，或可近似理解为，周易任何一卦都不只针对具体对象，又都可用于任何具体对象。诸如乾卦辞“元亨利贞”，是“知大始”的思维原则，对任何对象，只要沿着“亨利贞”原则思考，都可获得该情况下的最佳行动方案。任何一卦一爻都是如此，如屯卦是提示无论做任何事情，凡出现新情况，组织者无需自己对具体问题过多劳神，首当委任最了解情况，又思路清晰者梳理情况，再根据所梳理结果做后继安排。蒙卦是提示领导切勿自以为是，当耐心请教了解情况者。需卦是凡遇无能为力的情况，首当停止针对情况的实际作为，与所有有关人等共同梳理情况，根据情况有针对性思考，学习，研讨，制定措施。讼卦提示凡有争讼必须有切实根据，没有实情切勿争讼，又提示法官昏庸、暗昧，或行为不端，不去争讼……这些理解大概近于冯先生“周易哲学可以称为宇宙代数学”之说。

《易》所以持久具有意义的原因及易之用

胡适先生肯定“一切河图、洛书、谶纬术数、先天太极，……种种议论，都是谬说。今人要懂得《易经》真意，须先把这些谬说扫除干净”，此话很有意义。我们对任何事物都应以此评价，有什么意义就是有什么意义，不能因其正确部分，肯定其全部，亦不能因其荒谬部分否定其全部。以此原则，我们对与《易》有关的问题提出以下理解。

第一，《易》提示了人的思想行为原则，引导着人的生命历程。

《易》由乾坤阴阳相继而成，实是模拟人的思想和行为过程。乾坤内涵是人的生命活动分别遵循的思想原则和行为原则，人的全部生命活动无非是思考当做什么以及如何做成，这就是乾坤阴阳。

乾卦辞“元亨利贞”，意为任事前，谋划行动方案所遵循的思想原则。分开说，“元”是对行动方案的总称。凡遇新情况，首在明确情况，根据情况，以达到可能最好结果为目的，谋划实现结果的措施方案。谋划过程的思想原则是“亨利贞”。“亨”意为“通”，措施必须行得通，不通何以施行，又何以成就其功？“利”是获得高于付出，“值得”付出。“贞”义是为实现“亨利”结果，措施方案“元”必须总是“贞”对情况，从所处情况中寻找解决措施，创造解决问题的条件。故凡所任事，首要是先明确情况，主要指可利用资源条件和待解决的问题。用可利用资源条件制定措施，解决待解决问题，“贞”之义。

“亨”是“元”欲实现的过程的情状。“利”是“元欲实现的最终结果”。唯有“贞”，即制定行动方案“元”的整个过程中总是根据情况，是制定方案“元”须臾不可离的“原则”，是确保措施正中情况的“道”。唯有整个过程中遵循“贞”的原则，才能实现“亨”和“利”的结果。由此孔子作文言指出“贞者事之干”，意为人任事的主干是时时刻刻不能脱离所处情况，利用所处情况的有利条件，解决所处情况需解决的问题。这是任事的主干。贞是人任事时刻不能脱离的主要原则，一切问题的认识和解决，都以认识情况所具有的有利条件，解决所要解决的问题为主线，贞之义。能否有“亨”和“利”都是能否以“贞”的必然结果。在此前提下，所有具体措施，底线不能伤及无辜，万不得已，必有所伤，则事先协商，确定补偿。否则不仅丧失道德原则，且必遭报复，造成损失，后果难以估计。

坤卦辞“元亨，利牝马之贞”，坤以牝马之贞，完全顺乾，执行实施乾制定的方案（“牝马之贞”，详见坤卦辞解释）。以执行乾制定的方案为其能。如此，坤一需理解乾制定的方案，二需具有执行方案所需技能，继而实际执行。

世界上，解决任何问题无不是认识情况，以“亨利贞”制定方案。继而理解方案，具有所需技能，实际做成。所有事务必须二者兼备，缺一不可。具备二者则无事不成，缺一则无事能成。

世界上所有存在，只有人具有乾坤揭示的上述两个功能。故以乾坤阴阳成卦构成的易，实质是人的任事过程。任何人，不管其是否自觉意识到,做任何事情都是先思考欲达到的目的,具有的条件,从事自现实既有条件到目的需进行的工作。有意义则做,意义小于付出自然不做……。继而以坤卦的“元亨,利牝马之贞”原则实际做成。故由乾坤阴阳构成的《易》,实质就是人的生命活动过程。《易》所有卦爻大致如此,乾坤后的屯卦,指凡遇新情况,都会无所适从,主事领导无需亲自关注具体问题,只在尽最大努力找到最了解情况,由思想清楚的所谓“刚明者”,其“以经纶”梳理情况。屯后蒙卦,提示主事领导切勿对具体问题盲目自以为是,当耐心请教了解情况者。需卦是所有人都不清楚情况,则集中梳理,讨论学习,提高认识,制定应对措施……

《易》64卦,384爻,无不是提示人可能的所处情况及应对措施,自有实际意义。在某种意义上,易提示乾坤阴阳变易过程,既是人的生命原则,也是人的生命过程。易诸卦所具体提示是否符合实际,是可以争论的,但易是提示人生命过程中当解决问题的规律是肯定的,这或许是易历经几千年仍有意义的根本原因。

第二,《易》强调凡事以“时”,极有意义。

《易》强调凡事以“时”,即针对情况,谋划解决问题的措施。《易》64卦,384爻,无不是针对情况提出解决问题的措施。至于相邻诸卦爻间是否如《易》所揭示的关系,所象征情况,乃至所提应对措施是否合乎情况实际,是可以讨论的,但易强调凡事以时,因时而宜,以所面对情况为基准谋划措施,不仅应当肯定,而且必须恪守,这是不能违背的。

第三,《易》以象示义是其经久不衰的重要原因。

《易》以事实确证了它能适应不同环境，不同时代。所以能适应不同环境，不同时代，除其涵盖上述任事必须且只需构思方案和执行两环节外，或还有其以象示义原因。“象”不同于文字语言，以卦画图示其意义，不把对象说确定，为读者留下充分发挥想象的空间，其成仁成知，在读者理解。于是所有卦爻象都成了由“变量”构成的规律“集合”。即冯先生说的“代数学”，这也造就了“仁者见之谓之仁，智者见之谓之智，百姓日用而不知，故君子之道鲜矣”的结果。

以乾卦为例，农民种田的“元亨利贞”，是根据天时耕种，施肥，浇水，或有排水，除草，收割；钳工的“元亨利贞”，以设计图和工艺规定，继而施工；中医是“望闻问切”，后根据所理解认识病情，以中医理论和经验谋划药方。

从最高领导人管理国家，参与国际组织大事，乃至所有科学研究，到具体任何个人的简单劳作，无不是根据所面对情况开始，以达到可能的最好结果为目的，沿着“亨利贞”的思想原则，以其学识、才德所认识制定行动方案，继而实际执行实施。实施中，凡有方案不得行，仍以“亨利贞”原则修正……不懈于此，直到实际完成。

由上述，乾坤两卦分别提出了人任事制定方案和执行方案当遵循的原则。任何人，只要任事，则必然以“乾坤”规定相继，也只需以“乾坤”规定相继。这“相继”对有些人是自觉有意识的,亦有不自觉无意识的,后者就是“百姓日用而不知”。至于“君子之道鲜矣”的“鲜”不是鲜见、鲜用，而是少有明确自觉、系统认识者。

第四，作为宇宙代数学的《易》提示人适时做出新成就，确证其生命历程中的新意义。

由《易》以“乾”“坤”规定认识原则和行事原则，并以“乾”“坤”交互，演进出了六十四卦，三百八十四爻，都是模拟人任事过程中可能遇到的情况，提示应对措施。而卦爻所提示的，又都不针对具体情况，是概括可能出现的所有情况的综合。所面对情况是什么，由任事者所认识理解把握决定。

如上述称之为“屯难”的屯卦象征，从中小学生开始学新课，乃至钱学森先生搞火箭，袁隆平先生改良水稻，爱因斯坦先生搞相对论，屠呦呦搞抗疟疾药，量子通讯……，开始都会不甚清晰。所有这些，具体差别很大，但都是不甚清楚却近同。它们的具体差别及解决办法，屯卦不作区分，统一提示为任用初九爻。所以任用初九，因为其既最了解情况，又思路清晰。最了解情况又精明的初九，或也难以立即解决，而需“以经纶”，即先由初九梳理清楚情况，这是任何工作开始都必经的过程，也是易中借助“象”概括全部的妙用……世上没有绝对的难易，就如孔子“问稼吾不如老农，问菜吾不如老圃”，凡事都是对知者能者易，对不知不能者既难又险，所以需要“饮食宴乐”。“饮食宴乐”者何？不过补充“营养”，实指“修习才德”。

易中所有卦爻都象征不同情况，却又不限于具体情况，所象征都是很多近似情况的综合，用易者需根据情况变易并适用到具体情境。这也就是冯先生说的“空套子”和“宇宙代数学”。这两个名字贴切之极，每一卦爻都是“套子”，且又是空的，情况都能对应套进去，套进去就能解决所对应问题。“宇宙代数学”，宇宙，无所不包。“代数学”，不具体，由“变量”组成，都能应用。但必须用对，用错了，不会达到目的。正由易是“宇宙代数学”，什么事都可以套进去，从而解决各种不同情况所对应问题，由此，易可用于指导所有同类情况，做出对应情况的新成就，成为生命历程中的新自己。

目录

乾

䷀

周易由卦构成。易为喻说事理，事理无形。其出于文字前，只能借用物象示义，这是由易产生时代决定的。把显示意义的图像挂在附着物上以方便观看，交流，说教，所以称“卦”。“卦”字为《易》专用，或由《易》才有“卦”字。

据传由孔子著《周易系辞上传》第十二章有“乾坤其易之蕴”。乾坤是蕴藏于《易》中的存在,《易》由“乾坤”即“阴阳”构成，要理解《易》，需首先理解乾坤阴阳。《系辞下传》第六章有“乾坤其易之门”。“乾坤”是进入《易》的门户。亦是强调要进入《易》，必须首先“进入”乾坤。本书以乾坤开篇。

卦辞：“元亨利贞”

据传《易》卦辞由周文王所系,用以表达相对应卦之功能,会有什么结果等。卦辞又称彖辞。据传“彖”是一种动物，牙齿锋利,可咬断金石。称卦辞为“彖”,蕴意或指所言“确定无疑”,“说一不二”。

就人任事说，卦辞“元”，指处当下之“时”，可能达到的最好结果及所采取措施的总称。主要内涵是，在当下情境，需要确定最佳目的，并需要谋划实现方案。“元”是最佳目的以及所需方案的总称。

在实际施行过程中，首要确定当下之时的最佳目的，在最佳目的指引下审核方案。若原方案仍可实行，则仍按原方案实行。若原方案不可实行，或有更好方案，则根据情况，或制定新方案，或修改原方案。总之“元”是可能达到的最好结果及实现措施的总称。所谓“最好结果”通常是自我能力允许范围内，实现收益成本比最高的结果。

“元”如现在说的战略规划或行动计划。有了称为“元”的方案，再实际执行方案，当能达到与之相应的结果。

大到国家战略规划，小到个人做任何事情都可按“元”来做。国家战略需由专家班子调研，提出在现实情境下可能达到的理想结果，以及实现理想结果所需资源、当采取的措施等。个人做任何事情，自觉不自觉地首先在思想上理清可能出现的情况，根据情况确定个人所能实现的最佳目标，然后考虑如何行动，包括所需资源，逐次采取措施等，继而执行方案。最佳目标及行动方案即乾卦辞“元”之所指。

由此，《系辞传》“乾知大始，坤做成物”，“乾以易知，坤以简能”，乾能适时变易，提出适合情况的最佳行动方案，是“知性主体”。由此有了“元”就更容易实现预期目的。没有“元”则需历经更多“试错”“纠正”过程，不仅无端消耗诸多资源，也难有理想结果。

乾作为知者，能适时制定可行方案。但乾并非是神，使方案从天而降。而是乾卦辞规定了谋划方案所沿循的原则思路。

沿着明确的原则思路进行。这原则思路就是“亨利贞”。

“亨”是乾谋划行动方案“元”的基本原则，意为方案要行得通。即先在思想中根据可能出现的情况，以能行得通为目的，谋划所需条件，历经路径，当做工作，可能结果等。思想中推演，到因果逻辑上能施行为止。故“亨”是指，要在执行“元”规定方案过程时，因果逻辑上通畅顺利。所以顺畅，是“元”理论上明确了所需全部条件，运行过程，合乎逻辑，没有矛盾，阻碍，能逐步实现。理论上能通，实际执行将少有重大意外。

“利”是乾谋划行动方案“元”的第二原则。执行方案“元”的收益成本比最大。

由《易》要适用于所有情况，故《易》乾卦规定最好结果的“利”不能具体。在《易》长期发展中，逐渐明确了能适应所有情况的普适路径、过程，即所谓“道”。主要包括如下内容。

（1）由孔子所作《易·乾·文言》指出，“利者，义之和也”。《易》所指的“利”是“义之和”。

（2）再由子思所著《中庸》指出，“义者宜也”。“义”就是“宜”，恰当，适宜。“义之和”就是“宜之和”。即该谁参与则谁参与，该谁做什么谁就做什么。这“该”与否的根据是天理，即因果律。

（3）同时，《中庸》在“义者宜也”之后，紧随“尊贤为大”。“义者宜也”指所有资源适合安排到哪儿就安排到那儿。“尊贤为大”是特殊强调，在所有资源安排中，人的安排最重要。首先安排人。这显然很正确，因其他资源由人安排，运用。只有人得到恰当安排，人尽其才，才可能有其他资源的物尽其用。人安排不当，不可能正确安排其他资源。

（4）能如上述，做到人尽其才，则能物尽其用，得到可能的最好结果。上述过程，没有一个“利”字，但结果必会达到可能的最好，获得最大可能的“利”。不言所利而有最大的利，这智慧真是“大矣哉！”

由“义之和”为“宜之和”，即所有资源都用其当用，如最通俗说的“该干嘛干嘛去”。“该干嘛”，总体上所有资源都用其所长，避其所短。以单独某组分说，大多最佳应用。即使未必最佳，再做调整，总体结果相对不调整要降低。也即所有资源配置合理，达到了“帕累托最优”。

（5）紧随其后的“尊贤为大”，特殊强调人事安排最重要。只有“尊贤”为要的人事安排，才可能恰当安排其他资源。人事安排恰当，其他资源个体未必都一定最恰当，但总体结果必最好。人事安排失当，其他资源安排几不可能适当。唯人事安排能以“尊贤为大”，能充分发挥其他资源作用的概率最高。反过来说，所谓“贤”就是能使所有资源安排达到最好结果。“能否使资源安排实现最好结果”是“安排资源的主体人贤否”的根据。由此，这里的“贤”不直接与权力、声望、财富挂钩，而直接指向智慧和德才。

“贞”是方案“元”的第三原则。“贞”义为“正”且“固”，“固守”于“正”。

何谓“正”？“正”，首先是“元”方案恰当，理论逻辑上能解决要解决的问题，达到可能的最好结果。二是制定措施方案时总是根据情况。认知主体在制定方案时，时时刻刻不能脱离所处情况，利用所处情况的有利条件，解决所处情况需解决的问题。三是措施方案的底线是不伤及无辜。万不得已，为大局必有所伤，则事先协商，并有足以弥补的措施安排。在设计措施方案时尽力避免此类“万不得已”发生。

“乾”能做到如上述，必能克服所有困难，涉越所有险滩。没有什么可以阻挡，能“刚”而“健”。

关于称“元亨利贞”为乾之“四德”。

需特殊说明，解易者多称“元亨利贞”为乾之“四德”。“德”字本义是指人的行为、实际实践实现了其内心，即实现所认识。以马克思的语言说，实际做成了思想的对象物，实际验证了认识。（详见文末附录：“德”字的蕴意）。以此，称“元亨利贞”为“乾之四德”有正确成分，但或不甚准确。因“元亨利贞”四者，不是平等的，“元”是总，“亨利贞”是属于元的。乾之亨，更直接说是“元之亨”；乾之利是“元之利”；乾之贞是“元之贞”。“亨利贞”是属于乾的，但三者又都是通过“元”属于乾的。严格说“元”是直接属于乾的，“亨利贞”是直接属于“元”，通过“元”属于“乾”的。

彖传：大哉乾元，万物资始，乃统天。云行雨施，品物流形。大明终始，六位时成，时乘六龙以御天。乾道变化，各正性命，保合大和，乃利贞。首出庶物，万国咸宁。

大哉乾元，万物资始，乃统天：“乾元”真是重要之极啊！万物都依赖乾元资益才能始有，是周易模拟天统御万物的主体。

云行雨施，品物流形：乾元就如天以万物需要适时“云行雨施”滋益万物以其本性生长那样，在适时助益对象物内在长成其构成同时，使对象外在呈现着与内在构成正相应的形体。

大明终始，六位时成，时乘六龙以御天：易中乾元模拟大明太阳适时出没生成万物，大明太阳以亨通实现贞对情况之利原则运行。周易以六爻象征六个时位，犹如乾元乘着六条龙统御天道运行。实际是一条龙，不同情况采取不同措施，呈现不同情状，获得相应结果。

乾道变化，各正性命，保合大和，乃利贞："乾元"总以情况需要行动，在实现贞对"乾元"规定内在构成之性同时实现着"乾元"规定的外在使命，使所涉对象各正性命，实际获得乾元规定的贞对情况的"保合大和"之利。

首出庶物，万国咸宁：由上述可见乾元是造就庶物之首，所有时空的庶物都成于"乾元"以"亨利贞"，以"乾元"规定则"亨通实现贞对情况之利"，不以"乾元"规定不会"亨通实现贞对情况之利"。所有亨通有利都出自乾元这个首，由乾元这个首生出了"亨通实现贞对情况之利"的"庶物"而"万国咸宁"。自然世界"乾元"是大明太阳即所谓天的适时出没。人文世界的"乾元"是具有"亨通实现贞对情况之利"才学的大人。人生无他，只以情况需要修习实现亨通之利才学。

象曰：天行健，君子以自强不息。

健，总以既定原则和规律运行，从不出毛病。天行健，天之行总正对情况准确解决相应问题同时实现亨通之利，从无差失。健，亨通于情况。乾，亨通于所有情况所有问题，从不出问题。就如程传指出的："健而无息之谓乾"。君子以自强不息：君子以准确解决问题为己任，凡事自觉全面准确掌握情况，制定亨通实现其利措施。自强一是总"全面准确把握情况"，二是总自觉以亨通实现贞对情状之利制定措施，如此必然以“义之和”原则安排资源，解决问题，从而情况改善，确证自强。总是行以亨通实现贞对情况之利，从不止息。

卦文言

元者善之长也，亨者嘉之会也，利者义之和也，贞者事之干也。君子体仁足以长人，嘉会足以合礼，利物足以和义，贞固足以干事。君子行此四德者，故曰乾元亨利贞（大多解释为文言一）。

元者善之长也，亨者嘉之会也，利者义之和也，贞者事之干也：释卦辞“元亨利贞”。元者善之长也，释“元”和“亨利贞”关系。周易乾卦辞“元亨利贞”的“元”和“亨利贞”统一说是同一个存在。“元”是措施之名，“亨利贞”是措施“元”的属性。提到“乾元”必以“亨利贞”。“元”和“亨利贞”都是任事遵循的措施又各有侧重，总体称“元”，“亨”是执行“元”呈现的过程情状顺畅亨通，“利”指“元”追求并实现的结果有意义，“贞”指措施“元”与所处情况关系贞对情况，准确解决情况的所有问题，“贞”是元恪守的总原则，“亨”和“利”都由措施“贞”才能实现，“贞”是做事的主干。

君子行此四德者，故曰乾元亨利贞：称元亨利贞为四德，主在强调“元”与做成物关系，措施。“元”对做成物有“始”的意义，先有措施“元”后有做成物。“亨利贞”是“元”的属性。

君子体仁足以长人，嘉会足以合礼；利物足以和义，贞固足以干事：孟子《尽心上》“仁者人也，尊贤为大”，广义的“尊贤”不仅限于人，包括所有资源。唯有所有资源都用以最能发挥作用,即孔子指出的“义之和”状态,必然获得最好结果。资源安排“尊贤”情状，又是确证资源安排主体自身“贤”的根据。“嘉会足以合礼”的“礼”即“周礼”，当时认为最好的制度。“合礼”指资源安排都最充分发挥作用，实现可能最好结果。所有资源都发挥特长任用，则“利物”并“和义”。安排资源贞对情况，都用其特长“足以干事”。

君子行此四德者，故曰乾元亨利贞：能辨识资源特长，贞固以特长安排资源，使都以特长相协为用，安排主体堪为贞固以“元亨利贞”四德的知大始君子。

乾元者始而亨者也,利贞者性情也。乾始能以美利利天下,不言所利大矣哉！大哉乾乎！刚健中正,纯粹精也。六爻发挥,旁通情也（大多解释为文言二)。

乾元者始而亨者也,利贞者性情也。乾始能以美利利天下,不言所利大矣哉：乾元是创始万物使都亨通主体，资源安排贞对情况获得最大之利是乾元本性和呈现情状。乾元从开始就以美和利施利全天下却从不具体言说具体利什么，就是它无不施利，无不得其施利。乾元所施利意愿才干能力乃至呈现情状和意义太大了。

大哉乾乎，刚健中正纯粹精也：乾元以“亨利贞”意义真可说是“刚健中正纯粹精致”,由其“亨”可见其刚健,由其“贞”可见其“精致中正”,由其“精致中正”可见其智慧,由其“利”又不言“所利”可见其“无所不利”的格局胸襟宏大。乾元格局胸襟智慧刚健必然总能精准成就其大。乾元“亨利贞”的意义真是太大了。凡欲成就其大，首先准确认识情况，“贞以情况”安排资源即可实现最大的“亨利”。

六爻发挥旁通情也：“刚健中正纯粹精致”四者是乾道呈现情状，亦是君子所追求。但不是简单以不变的“直”能精准实现所有情况的“刚健中正纯粹精致”，只能通过以六爻象征“旁通”并“曲进”完成“贞对情况”。如“潜龙勿用”是初九的“刚健中正纯粹精致”，除“潜”而“勿用”之外，初九再无其他，也无需其他就能实现处于初位的“刚健中正纯粹精致”。虽然乾卦六爻唯有九五直接象征具备“刚健中正纯粹精致”四者，但某种意义上周易六十四卦384爻象及爻辞都是提示以“旁通”的“曲进”实现对应情况的“刚健中正纯粹精致”措施，这些措施具体内涵都不同，却都是象征“旁通”其所处情况的“刚健中正纯粹精致”。

时乘六龙以御天也，云行雨施天下平也：对上述“大哉乾乎！刚健中正纯粹精也，六爻发挥旁通情也”的总结概括。乾道“元亨利贞”是通用于所有情况的措施原则，无不适用。而实际获得预期的“亨通”之“利”需要贞对情况变通调整，才能实际统御所处情况，总能象云行才会有雨施，适时雨施则万物繁盛，万物繁盛则天下平。天道既有通用原则，又需以情况变通，才总能处于如“云行雨施天下平”状态。

乾卦和六爻辞，象辞，文言

在此，先解释几个常用概念。

①卦分经卦重卦。经卦一卦三横画，横画称“爻”，爻字两“乂”上下组合。“乂”示交叉，两“乂”上下又交叉为“爻”，象错综复杂，都是源于象征所面对情况千变万化无不适用。“爻”

分两种，连在一起的横画称阳爻，象刚不可分。中间分开横画称阴爻，中空，象虚中能容为柔。三个两种阴阳爻组成八种不同结构的卦称经卦，用以象征八大类对象，大义“乾知、坤能、离明、坎险、震动、巽顺、兑悦、艮止”等。

②重卦指两八卦上下相重，一卦六爻，六个两种不同爻共有六十四种组合，由此易有六十四卦。一卦六爻自下向上数，下爻称初，上爻称上，中四爻分别称“二三四五”，初指事之始，上指事之终。又初二象地位顺位，三四象人位，五上象天位。或喻人上依附天下依附地。六爻位，初三五为奇称阳位，二四上为偶称阴位。

③易以奇数象阳，偶数象阴。又以阳大阴小，九为最大阳数，阳爻称九，阴爻称六。

④六爻位亦有象征意义，这是解易者少有提示的，却实有意义，这里提示以备时用。一是上下六爻位自然都处正位，上下卦对应爻位又都自然相应，同既济卦，象万事大吉，有利。二是六位构成两八卦，下八卦爻位为阳阴阳，以火为象称离卦，由其虚中能容故义明。上八卦阴阳阴，中实，象有成见，不再容纳，自以为是，象会有认识错误，失误，以水为象，义坎险。三是两八卦爻位上坎下离，上水下火，水火相互灭息，与单独看爻位都相助益意义相反。这或正是周易象征所有事物变化永无休止的原因。

⑤阳爻称九，最大阳数，大到极致必变，易称阳爻为九，喻适时而变。又以龙象，龙非实有，是古人观念认为龙行止准确合于情况，又难以测度。所行准确合于情况的变化轨迹或说路径为乾道，义唯有知大始的阳刚才能以乾道适时变化而亨通。

除此之外难能说清楚阳气指什么，是什么。

⑥爻辞多文王后之事，如升卦六五王用亨于岐山，明夷六五箕子之明夷，由此多认为周公作爻辞。

⑦卦爻提示行为适时而变，获得最好结果堪为圣。古时解易者多用阳气阴气说阴阳爻。“阳气阴气”莫名其妙，不知所指，又何谓“气之阴阳刚柔”，又何有知能……，世上所有学问都是人所作，也都是为人“更好”而作，脱离人无学问。何况除了飓风刚猛，微风柔和外，又如何分辨“气的刚柔”。这刚猛柔缓及如何利于人之用并非哲学的任务。

⑧无论八卦还是六十四卦，核心是“乾知坤能”，其他都由“乾坤阳阴知能”不同作用关系导致。“乾阳知，坤阴顺乾阳之知行”。“乾阳知”必以“贞”对情况解决问题为主干，不“贞”不可能解决问题成就“亨通”之“利”。唯有“贞”才可能成就“亨通”之“利”。“亨通”之“利”成于“义之和”的“尊贤为大”。“贞”和“义之和”都由用易者人决定，所以为周易的核心,重中之重。学易用易的人首在理解“贞”和“义之和”。

⑨贞和圣人：中国文化的圣人指行为准确合于情况，“亨通于”获得相应情况可能最有“利”结果之“贞”。贞是人永久的最高追求，能“贞”则“亨通于利”。在某种意义上，所有学问都是探求实现所期待“亨通于利”目的之“贞”。由此周易成为“宇宙代数学”。人以“贞”为最,“贞”则成就“亨通于利”为知能。“永贞”永在成就面对情况的“亨通于利”为圣。“圣”繁体“聖”，义“王上有耳口”，既能广听又能理解阐释清楚之王。人生当总求贞，不过是在求“贞”。这或是周易之大义，无可超越之义。

乾六爻和用九爻辞象辞

1. 初九，潜龙勿用

解易者举各种实例释“潜龙”，如舜陶渔时在侧陋为潜龙，作为“潜龙”之一例或可，但仅限于是一例。周易所有卦爻象及其辞语，是所有相类情况的“综合抽象”，初九指所有具有才能适时隐遁，不当行事情况。若以实例说死则难为标准，不再是周易，不是“宇宙代数学的空套子”。

象曰：潜龙勿用。

阳在下也。九阳刚知大始，初象地之下事之始，一无所知未能掌握情况，只能“观察体会”，即“潜龙勿用，阳在下也”。知大始阳刚不了解情况时只能“观察体会”是“首当所知，最应所以”。

> 启示
>
> 初九提示人们在事情开局或者不了解情况时不宜盲目行事，而要认真调查情况、掌握信息、提高德性、提高认识水平和业务能力。

2. 九二，见龙在田，利见大人

六爻初二象地位，地上劳作处称田。九二知大始之龙，历经初位潜藏观察体会，一定程度上认识了情况，可行有把握之事。“田”长期耕种平坦少有危险,喻九二可以所认识有所作为，但仅限于几无危险的在“田”。“田”不仅指已耕种土地，象征已把握所有情况。利见大人指九二处下体之中，象龙历经潜藏体会观察已掌握情况，能以贞对情况施为获得相应之利。

象曰：见龙在田，德施普也。

德义以认识决定的行为能解决问题。施普，九二刚中又处虚中之位，虚中象准确能容情况所以明，由明能容而行合情况，准确利用所有资源，所以象能普遍解决相应问题，实现预期目的。

启示

个体在组织中一定要提升品德和能力，精通实务，如果领导惜才爱才，个体一定会脱颖而出；如果领导嫉贤妒能，当尽速转为读书思考，著书立说，同样可以造福社会。

3. 九三，君子终日乾乾，夕惕若厉无咎

九三刚正，称君子。又“终日乾乾”不停息认识情况制定措施，执行措施情况改变。继之再认识再制定，从不止息，健之又健。夕惕若厉，从早到晚时时处处警惕，唯恐或情况把握不准确，或才不堪任有危厉。象刚正知大始君子行以当尽责任的本性自然。九三总以情况刚正准确制定措施，措施合于情况获得预期结果，不会有过咎。

象曰：终日乾乾，反复道也。

爻辞“终日乾乾”为九三以“贞对情况实现亨通有利”原则制定措施，以之执行成功，情况改变。继续再以“贞对情况实现亨通有利”原则制定措施……，反复以“贞对情况实现亨通有利”原则制定措施执行解决问题，情况改变之道。九三象征总在变又总不变，总变者是情况和措施及结果内涵。总不变

者,都以贞对情况的措施行止获得亨通之利。爻辞“终日乾乾,夕惕若厉无咎”之义。

> *启示*
>
> 个体在组织中,要毫不松懈,总是针对情况采取符合情况的措施,反反复复,始终如此。

4. 九四或跃在渊,无咎

三四人位,四象人位之上,已脱离地。四阴位,五阳位,九阳刚处四阴位不正,象不安处。又四位亲比五位象或跃至五位,以刚处刚为正。但四位又正应初位,象或上越不成会跌入正应的初位,跌入深渊。无论跃居五位还是跌入初位都处正,且非比即应都无咎过。

象曰:或跃在渊,进无咎也。

爻辞“或跃在渊”义为进无咎,进“跃”居亲五,以刚处刚为正,堪所任没有咎过。跃不成跌入深渊应初,亦以刚处刚堪所任又应位,象征尚有未掌握情况需要继续潜藏观察,没有咎过。

> *启示*
>
> 个体在面对升迁机会或者重要职务调整变动,要谨慎评估。如果自己能解决更复杂问题,胜任新的岗位的职务要求,就选择升迁或者调任。如果不能,需要考虑个体是否能有效地弥补个人的能力短板,如果能,可以选择升迁或者调任。如果能力不能胜任,或者能力短板不能有效弥补,一味升迁或者调任会给自己带来比较大的风险。对任事者而言,或上或不上,或动或不动,不做定论,只以适时为宜。

5. 九五飞龙在天，利见大人

阳刚知大始，以刚中正处刚中正之尊，功德积累进于天位，完美处理天下所有问题堪为圣。任天下事非一人堪任，需在下大德者协力。天下大德者亦需见九五大德之君成就其功，君臣协力共成天下事，造福天下众生。在下大德之人主指处于亲比之位的九四和处于应位又中的九二。

象曰：飞龙在天，大人造也。

爻辞“飞龙在天”指九五刚中正大人得在下之贤协力，能共同造就天下福庆。

> 启示
>
> 如果一个国家的领导者既拥有智慧，也拥有权力，是国家之幸。国家、组织的最高领导者最应该做的是亲君子，远小人，亲贤者，远佞臣。而具德才之民也需要接近、辅佐此具有大德中正之君，上下协力，造福天下。

6. 上九，亢龙有悔

作易者本指处于五位趾高气扬，无视一切，造成失误。以《系辞传》“乾知大始，坤做成物”和“爻也者，效此者也”，上又阴位象执行，九处上不正，亢义近于无视条件只以进，不会总能实现目的，造成悔咎。

象曰：亢龙有悔，盈不可久也。

“亢”指阳刚不正，盈满仍以进，需自觉有意识反思不出现过“亢”之悔，避免无视情况。

启示

处于最高位的当权者或者取得很大成绩的胜利者很容易被权势蒙蔽双眼，过度自负，刚愎自用，远离中正。一旦远离中正，就会决策失当。决策失当，会带来不利后果，令当权者后悔。人非圣贤，孰能无过？对于当权者来说，重在反思有无当悔。

7. 用九，见群龙无首，吉

用九、用六，不用七、八，都是用变爻不用不变爻，指根据情况改变才能解决问题。“见群龙无首，吉”有多种说法。今天当理解成“乾阳制定措施不可自以为首，只能以情况为首”，唯有根据情况制定措施才能执行解决问题，吉利。“用九，见群龙无首，吉”之义。

象曰：用九，天德不可为首也。

象辞更明确了天德“乾元亨利贞”不自以为首，脱离所处情况无任何意义。所有情况的所有问题，都当以贞对情况为首，唯有措施贞对情况才能解决问题。除以情况外其他都不可为首。

启示

如国家、组织中，人们不畏惧领导，不以领导心意行事，而按正确做事的逻辑行事，这样的国家、组织能大吉。

因为乾卦非常重要，乾卦的六爻含义深刻，所以，本书下面分别来解释孔子作的几次六爻文言。

六爻文言一

释六爻时位象征的简单人文意义。

①初九曰：潜龙勿用何谓也？子曰：龙德而隐者也。不易乎世，不成乎名，遁世无闷，不见是而无闷，乐则行之，忧则违之，确乎其不可拔，潜龙也。

初九阳刚具有认识才能，自觉行以贞对情况，实现亨通之利。处下未掌握情况，少历练，无适任之事，称能“潜”且“勿用”才堪为龙。义指勿轻率用事。“潜龙勿用何谓也”？当是孔子弟子请教孔子的言辞。“子曰”以下是孔子的回答，初九爻辞“潜龙勿用”是“具有龙以贞对情况适时而变的才能，因处初位和经历，决定当隐蔽不当实际任事。能贞守“隐蔽，不成乎名”，且“遁世无闷，不见是而无闷”，都指唯有隐，但隐不都是无所为，而是不实际行动，但必须观察思考。“不易乎世”指“贞对情况以亨通有利”适于所处情况，才能解决相应问题。“乐则行之”者实现“贞对情况亨通有利”，“忧则违之”者“不能贞对情况，不得亨通之利”。确乎其不可拔者，同样是“只以贞对情况亨通有利”。这就是初九“潜龙”所有的乾道，也是乾卦辞“元亨利贞”对初九的规定。“乾元”以“亨利贞”是周易的核心，全部周易都由“乾知大始”的“元亨利贞”展开，是周易成为“宇宙代数学”的首要原因。初九只能以之行，外在不能显现出实际行动。

②九二曰：见龙在田，利见大人何谓也。子曰：龙德而正中者也。庸言之信，庸行之谨，闲邪存其诚，善世而不伐，德博而化。易曰：见龙在田，利见大人，君德也。

九二爻辞“见龙在田，利见大人”是什么意思呢？孔子回答说：指具有龙适时而变，能实际任事的行为情状。九二象征所有言论行为都准确贞对情况，能解决问题。诚信防止言行悖于情况，施利于情况改善却从不自夸。认识合于情况，执行使情况改善，没有限定，乾卦九二爻辞“见龙在田，利见大人”之义，象具有主持政务的才德。

③九三曰：君子终日乾乾，夕惕若厉无咎，何谓也？子曰：君子进德修业，忠信所以进德也。修辞立其诚所以居业也。知至至之可与几也，知终终之可与存义也。是故居上位而不骄，在下位而不忧，故乾乾因其时而惕，虽危无咎矣。

九三爻辞君子终日勤勉不止，从早到晚从无懈怠，有危厉无咎过，是什么意思呢？孔子回答，君子进取才德修习功业，认识情况谋划解决需解决问题的措施。措施正对情况，能解决问题，确证已进取才德。认识清楚能准确表达，令人相信，参与者众，齐心协力解决问题得以保有功业。认识到应该实现的必有实现措施，可与之探讨细节问题。认识到应该结束则结束，不再继续，对可实现结果有近同认识。九三以上述，必然居上位不会骄纵，因明确有待解决的问题等待解决。在下位不忧烦，因执意不懈修习才学，自信才德具备，总有发挥作用机会，当其任。这就是乾九三爻辞“君子终日乾乾，夕惕若厉无咎”之义。于认识情况制定措施之时，九三刚正，“夕惕若厉”以“终日乾乾”不懈认识情况，贞对情况以亨通有利原则谋划措施。所“厉”者随问题解决同时会产生需解决的新问题。“无咎”者自觉于问题解决会出现需解决的新问题而继续谋划不停息，知有危厉，持续解决不会止于危厉，无咎过。

④九四曰：或跃在渊无咎，何谓也？子曰：上下无常非为邪也，进退无恒非离群也，君子进德修业欲及时也，故无咎。

九四爻辞“或跃在渊，无咎”是什么意思呢？九四以刚处柔不正，象欲动解决问题没有咎过。只是行动必须正对情况，需要慎重。九四上跃亲比九五天位，跃不成应初位在深渊。孔子说，九四处不正，又难以确定所动方向，故不能说确定，只能随情况变动，固定上下都有不可又都有可，只能随时随事以贞对情况或上或下，坚持“非为邪，非离群”，适时随情况使“及时”。九四以上述“随时非离群非为邪”变动，无咎过。

⑤九五曰：飞龙在天，利见大人，何谓也？子曰：同声相应，同气相求；水流湿，火就燥；云从龙，风从虎；圣人作而万物睹；本乎天者亲上，本乎地者亲下，则各从其类也。

似乎孔子回答的“同声相应，同气相求；水流湿，火就燥；云从龙，风从虎；圣人作而万物睹；本乎天者亲上，本乎地者亲下，则各从其类也”，并未直接回答“九五曰：飞龙在天，利见大人，何谓也”的问题，且过于泛泛。但以乾卦“知大始”，九五主持政务，却是严格切合问题，回答准确。九五只以贞对情况制定政令，使所有资源相协助益，都是资源安排原则以相助益的“各从其类”。正是九五自觉于“各从其类”，使所有资源相助益，九五才堪当所任。文言强调最高管理者要在以“各从其类”原则安排资源。

⑥上九曰：亢龙有悔，何谓也？子曰：贵而无位，高而无民，贤人在下位而无辅，是以动而有悔也。

六爻最上称“贵”，称“高”。五之上，过君位，非君非臣称“无位”。一卦纯阳无阴称“无民”。初至四都辅助五，上称“无辅”。如此境遇象所动不会有应与，必然失败，动不如不动，动必有悔。

六爻文言二

①潜龙勿用，下也：虽有知的天赋，初涉事，不了解情况不能任事，只能体悟观察。

②见龙在田，时舍：处地上有居处，于基层有诸多情况。知大始又中，可以脚踏实地认识情况，准备实际做事。

③终日乾乾，行事也：下体之上刚正，经历二位顺中认识，可以根据情况行事。

④或跃在渊，自试也：刚而不正近君，只能自我测试，以不正之刚涉外有逼君之嫌，应初位象跌入深渊。

⑤飞龙在天，上治也：刚中正之德处刚中正之尊，行止即彖传“云行雨施天下平”，象辞“终日乾乾自强不息”，在上治理天下万事都刚中正，天下得治。

⑥亢龙有悔，穷之灾也：知进而不知退以致穷极，进退处皆不可，处于穷极的灾难中，只能悔咎。

⑦乾元用九天下治也：用九意为总能贞对情况适时变易行刚行柔，不变者是总能贞对情况解决问题，由是必能使天下得治。

六爻文言三

①初九，潜龙勿用，阳气潜藏：九阳刚适时而变，以龙象。初处地下，象当潜藏不当任事，“阳气潜藏”。

②九二，见龙在田，天下文明：九二阳刚，中正阴位，虚

中之明。刚处柔中，文理清晰，下体象天下，“天下文明”。

③九三，终日乾乾，与时偕行：九三刚正，位处明体之上，果决动以刚正之明，总在健之又健以时行动。终日乾乾，与时偕行。

④九四，或跃在渊，乾道乃革：四离下体进入上体，上亲比五位“或跃”，下应初位“在渊”，或跃升天位或跌入深渊，乾道乃革。

⑤九五，飞龙在天，乃位乎天德：阳刚中正之德处刚中正之尊，德堪其位，位有其德，德位都刚中正天位之尊，乃位乎天德。

⑥亢龙有悔，与时偕极：上九，九阳刚象龙，上位过中为亢。五位刚中正，果决准确处理天下事无不中。上为六五之进，义指由持久刚中生出了自以为是，只知总能刚中，忘却是由勤勉于事得刚中而忘乎所以，草草轻率且刚决，不可能合于情况，造成失误，生成悔咎。

⑦乾元用九，乃见天则：乾元用九不用七，义为任事必须适时而变。措施严格以情况，准确合于情况即止，处于新情况必须制定新措施。只有措施贞对情况才能胜其事，这是天定的规则，不能违背。

六爻文言四

①君子以成德为行，日可见之行也。潜之为言也，隐而未见，行而未成，是以君子弗用也：君子首先掌握情况，制定亨通实现贞对情况之利措施，继之执行实际实现措施规定的亨通

之利。都是成德之行，就是周易乾坤阴阳相协为用，缺一不可。乾初九爻辞“潜龙勿用”的“潜”指已开始体悟情况，或已思考亨通实现贞对情况之利措施，但未有呈现于外的行动。“龙”是总“贞对情况”变化的象征。君子贞对情况制定亨通实现其利措施，属于体悟情况谋划措施的内在思想活动，没有显现于外的行动，“隐而未见，行而未成”，“弗用”之义。

②君子学以聚之，问以辨之，宽以居之，仁以行之，易曰见龙在田，利见大人，君德也：为总能亨通实现贞对情况之利，既需要把握情况以亨通有利原则制定措施才学，又需要实际执行完成措施能力。通过学习集聚才学能力，未能理解施行者请教询问知者能者，使才学堪任，能知能行，“宽以居之”。具有辨别“贤愚的才学能力”，准确辨别，并以发挥所涉资源特长的“尊贤”原则安排资源，“仁以行之”。以此必然亨通获得可能的最好结果。这就是乾九二爻辞“见龙在田，利见大人”之义。

③九三重刚而不中，上不在天，下不在田，故乾乾因其时而惕，虽危无咎矣：九阳刚，三刚位，重刚。未居“二五”位，不中。未在五位上不在天，已高出二位不在田。刚正象能时时事事自我警示不懈认识情况，以“亨通获得贞对情况之利”原则制定措施，行以措施，总能贞对情况解决问题。三虽处“上不在天，下不在田”的危疑之地，由总“因时而惕”，能行以贞对情况，不会有咎过。

④九四重刚而不中，上不在天，下不在田，中不在人，故或之。或之者疑之也，故无咎：九四这段文言难点或说“问题”有二，一是“重刚”，二是“中不在人”。易学史上对二者都各说不一，

都有牵强。关于“重刚”，朱熹认为“九四非重刚，重字疑衍”。而作为朱熹理学领袖的蔡元定认为“重刚为重乾”。“九四”是否“重刚”并不影响理解其义，关键是理解“中不在人”。通常理解六爻位三四人位，这里“中不在人”或指四近于五象大臣且不正，有近逼尊位之嫌。“中不在人”或强调非普通人，象不正大臣。这段文言重点在解释九四进退不定，能慎思行以情况不会有咎过。乾九四需慎思原因有四，一是处认识情况制定措施之时，六爻都阳刚知大始，都有认识能力都欲进，竞争激烈，情势迫使必须慎重。二是九五刚中正，四进逼有危险。三是六爻位上卦象坎，四已入坎体，所处有危险。四是四位应初进逼不成会跌入深渊。由此四者九四“故或之疑之”，终不会进逼五“故无咎”。四不正但处柔位象谨慎，最终不会进逼五位，无咎过。

⑤九五夫大人者与天地合其德，与日月合其明，与四时合其序，与鬼神合其吉凶，先天而天弗违，后天而奉天时。天且弗违而况于人乎！况于鬼神乎：周易乾坤象征天地的功能，天地是乾坤之象。乾九五乾卦主爻，乾的全部，九五就是乾。准确全面制定所有存在处于任何情况的亨通之利措施。爻辞“飞龙在天”就是俯视从天上到地下所有存在的所有情状，制定出亨通实现贞对情况之利的措施，继之坤以乾的规定行“牝马之贞”执行完成。乾九五不仅涵盖乾六爻象征的行为及结果，且涵盖坤六爻象征的行为及结果。所以乾九五就是乾坤阴阳相协为用，也就是天地相协为用。“日月，四时，鬼神”所有存在的行为情状及结果都包含在天地中，也就是包含在乾坤中，乾九五中。乾九五包涵所有存在，由此爻辞“夫大人者与天地合

其德，与日月合其明，与四时合其序，与鬼神合其吉凶，先天而天弗违,后天而奉天时。天且弗违而况于人乎！况于鬼神乎”的情状和结果。概括说周易九五就是乾坤相协为用的全部,“天地分别为乾坤之象”，日月之明暗，四时之次序，鬼神之成败，天地之行为情状及结果都在“乾坤阴阳相协为用”，也就是在乾九五象征中。可说是周易的“世界观”。

⑥亢之为言也，知进而不知退，知存而不知亡，知得而不知丧。其唯圣人乎，知进退存亡而不失其正者，其惟圣人乎：上述九五爻文言已阐释清楚，到乾九五全部问题都已准确完美解决。上九象不能自觉于力争动态处于九五状态而执意进，所以是“知进而不知退，知存而不知亡……”由其“知进而不知退”，进则破坏九五已处于的动态最佳状态而失时，行为悖于情况必然失败。所以以情况“知进退存亡而不失其正者”唯有圣人。圣人就是自觉于以亨通获得贞对情况之利为目的制定措施……虽然很难做到，甚至无人总能做到，但能做到“自觉追求”。这就是乾卦的警示,《周易》的警示。

附　中国文化的“天”指什么？

作为哲学的《易》，乾卦是“为使环境情况沿着对人有益的方向变化发展，人当如何作为”，即认识对象恪守的原则。故“乾”是最高智慧主体，具有认识能力。加之《易》出于文字前，起于以物示意、象义。以实物象征，便于理解。那时有什么存在“无所不知”呢？一是“神”。但“神”并非实体存在，无实体对应，不比“乾”有任何实在性。

“天”，人们多认为头顶上那个圆形覆盖物。看似实体，实非如此，只是能被“见到”的“直观”。古人或认为是实体存在，无所不包，无不具有。高远神秘，如未知世界之莫测。有日月“附着”，似明镜高悬，无所不知……故选择以“天”为乾卦之“象”。

但需注意的是，“乾”并非自然存在物恪守的规律本身，所谓“天理天道”亦并非全部自然呈现出的规律直观。如一定追问“天理天道是什么”，或只能说，是事物发展遵循的“因果律”。具体说，所谓“天理”似“因果律”。“天道”是以因果律作为，所沿循的“路径”。内涵亦是因果律。

民间俗语又有“好人无好报”之说，也“似乎确有”这类实际事例。这类事例看似违背“天理”——“因果律”，实则或非如此。所以有此类情况，只是由作为“好人”的行为主体，并非完全认识把握所处情况，不掌握全部“因”，以此而行，实际结果会与预期有差异。看似所行未得到合“天理”结果，实际却正合乎其所处的“天理”。即与其预期不同，或非掌握全部情况，或推理有违“因果律”。也就是说，“天理”并非虚无缥缈的“无”，就是因果律。“天道”就是以因果律而行的路径，轨迹。

即使如上述，“天”到底是什么？至今仍有数不胜数的神秘，甚至可说几无所知。中国人无奈时不自主呼吁“天啊！”本身就蕴含着对所谓“天”的无奈，又寄予了极大的希冀……由此，《易》以“天”为“乾之象”，主取古人认为“天”无所不包，无所不能，无不合乎正义之义。这所谓“天”及其“无所不包”“无所不能”，是人观念里的存在，真理从出主体。并无真实物与之对待。

坤

䷁

卦辞：坤元亨，利牝马之贞。君子有攸往，先迷后得主。利西南得朋，东北丧朋。安贞吉

坤元亨，利牝马之贞：坤以乾的规定行“牝马之贞”，执行完成乾的规定，实际亨通获得乾规定的贞对情况之利。系辞传“乾知大始”，乾的责任是认识情况制定解决问题措施。乾有认识情况制定解决问题见识，以乾卦辞“亨利贞”原则制定出行动措施“元”。继之坤对乾制定的措施“元”行以“牝马之贞”，既是坤的责任，也是坤的能力特长，能解决问题实现目的。阳爻和阴爻关系同乾坤关系。这是周易的基本原则，全部周易都由此演进。系辞传“乾知大始，坤做成物”简单明确规定了乾坤能力和责任，由此演进出“宇宙代数学”的周易。

君子有攸往，先迷后得主：坤顺君子凡有所往，先于乾的认识则“迷”不知所措。于乾后以乾所认识行动则顺利前往。

利西南得朋，东北丧朋：作易三圣活动在我国北方，我国北方看太阳从西南开始太阳渐落，古人认为阴类逐渐增加，阴类利于结交同类，共同执行完成乾制定的措施。易中凡有“西

南”都指阴类逐渐增多，“东北”都指阴类逐渐减少。

安贞吉：坤“安”于以乾元规定行“牝马之贞”，选择具有执行能力众多的时间地点行动，贞对亨通执行完成乾规定的措施而吉利。

彖传：至哉坤元，万物资生，乃顺承天。坤厚载物，德合无疆，含弘光大，品物咸亨。牝马地类，行地无疆。柔顺利贞，君子攸行；先迷失道，后顺得常。西南得朋，乃与类行；东北丧朋，乃终有庆。安贞之吉，应地无疆。

至哉坤元，万物资生，乃顺承天：“至”义“极致的准确合乎”，至哉坤元，总能极致准确执行实现乾元规定的措施。万物都凭借坤以乾的规定行牝马之贞生成。周易坤顺承乾就如自然世界地顺承天，乾坤分别认识执行相协为用实现目的没有止限，适用于解决所有情况的所有问题，与天地相协为用作用完全相同。

坤厚载物，德合无疆，含弘光大，品物咸亨：坤顺乾，以乾的规定行“牝马之贞”无事不成，就如大地顺天承载着万物的厚重，实际承载做成乾规定的所有存在，与乾规定完全一致，没有疆界限制。乾坤阴阳相协为用既清楚分明又密切助益，所含弘大得光显，无所不成，都亨通。

牝马地类，行地无疆：坤和牝马都属“地类”，本性都以“顺”，地顺天，坤顺乾，牝马顺牡马。主导者认知，顺承者执行，共同完成，知能相协为用，所能成就没有疆界限制。

柔顺利贞，君子攸行，先迷失道，后顺得常：乾认识贞对情况制定措施和结果。坤准确执行乾的规定，乾坤相协为用，总贞对情况解决需解决的问题。坤先于乾之前行动则迷失，不知如何行动。严格准确以乾规定后行动为坤恪守之常。

西南得朋，乃与类行；东北丧朋，乃终有庆，安贞之吉，应地无疆：于胜任执行朋类越来越多便于结交处，更能协力完成乾的规定。执行朋类越来越少处，难以结交同类执行完成乾的规定，只能自己尽心努力。明确上述并自觉顺应，避免悖于情况的无效行为，能以最小付出获得最大福庆。安于贞守“西南得朋，乃与类行；东北丧朋”原则，与地顺天无事不成一样，准确顺利完成乾的所有规定。上述的坤顺乾原则适用于所有情况，没有疆界限制，以之任事能以最低成本最高效率完成乾的规定，获得福庆。

象曰：地势坤，君子以厚德载物

地势坤，即地势顺天，无论人处于地上何处观天，天都呈现雷同情状，古人认为这是地的态势顺天。圣人作易以地顺天设置坤卦顺遂乾卦。

君子以厚德载物：君子法“地以厚重之德”承载天造万物，设置坤卦以乾卦制定的措施行牝马之贞实际做成对象物。乾制定亨通实现贞对情况之利措施，确证提高了认识。坤以乾制定的措施行牝马之贞，实际做成对象物，既确证乾的认识贞对情况，又确证坤增厚了才德能力。就像大地生成并承载万物，随万物繁衍成长大地所承载随之厚重。

卦文言传：坤至柔而动也刚，至静而德方。后得主而有常，含万物而化光。坤道其顺乎，承天而时行。

坤至柔而动也刚，至静而德方：由《系辞传》“乾知大始，坤做成物”，乾卦是制定亨通实现贞对情况之利措施，坤以乾制定的措施行牝马之贞执行完成，坤对乾所认识至顺至柔，在乾认识内动止以乾规定措施实现乾规定的结果，没有什么可以阻止。在乾认识之外什么都不做，至静。德方，坤行止严格以乾规定，准确合于乾规定。

后得主而有常，含万物而化光：乾以亨通实现贞对情况之利原则制定行动措施，坤以乾制定的措施为主导，行牝马之贞执行完成，是周易的总原则，也是人任事所以的常道，所有人任任何事都是思想主导，躯体相应部位以思想认识行动。乾坤阴阳各以其原则又相协为用，能解决所有问题，“含万物”。都能“亨通”实现“贞对情况之利”，“而化光”。

坤道其顺乎，承天而时行：坤行止完全顺承乾的规定，坤对乾的规定够顺吧！坤行止都顺承乾规定的亨通实现贞对情况之利措施。《周易》的根本原则，也是所有人的行为原则。

六爻辞象辞

理解阐释周易的首要原则当以《系辞传》指出的乾坤是“易之门”，“易之蕴”；“乾知大始，坤做成物”，“乾以易知，坤以简能”，“夫乾确然，示人易矣；夫坤隤然，示人简矣。爻也者，效此者也。象也者，像此者也”为总原则。

但古人释周易，多以坤卦象“天地闭隔之时”。何谓“天地闭隔之时”？或由乾坤分别为纯阳纯阴之卦，用系辞传的语言“乾知大始，坤作成物”说，是乾坤分别象征认识和以认识做成实际存在的情状。纯阳纯阴的乾坤自身没有阴阳交互相协为用，只是分别象征纯粹的认识和做成情状。所以称乾坤是“易之门”“易之蕴”“乾知大始，坤做成物”“乾以易知，坤以简能”“夫乾确然，示人易矣；夫坤隤然，示人简矣。爻也者，效此者也。象也者，像此者”等等，乾坤阴阳爻这些象征意义适用于全部周易的所有卦爻情况。由乾坤与它卦不同，乾坤阴阳蕴藏于其他六十二卦中，呈现周易所有卦象征情况。乾坤纯阳纯阴，分别象征贞对情况制定措施和以所制定措施行牝马之贞实际执行完成。所以“乾确然示人”以“贞对情况”变易，“坤隤然，示人”贞对乾规定以“简”执行完成。如果把坤卦理解成天地闭隔之时，则乾阳也是天地闭隔之时。实际是乾认识以情况制定措施，坤以措施行牝马之贞执行完成，分开阐述。

乾阳前交互的是所面对情况，规定做成的措施和结果。坤阴前交互乾的规定，后实际做成乾阳规定的结果。如一定要把乾坤也理解成一个“时”，则乾当是以所处情况制定解决问题措施实现预期结果之时。坤是执行乾阳规定实际完成之时。

1. 初六，履霜坚冰至

乾初九爻辞“潜龙勿用”，“潜隐”且“勿用”，未作任何规定。坤顺乾，坤初六顺乾初九，乾初九只是“潜”“勿用”，无任何行动规定。由此坤初六无所能为能做，只能由初九体悟的苗头理解发展趋势。因没有规定初九做什么，所以坤无所能做，只能讲可能的发展趋势，无所自觉认知，或只能悲观感知“履霜坚冰至”，义践履到薄霜，实际情况可能顺势发展结成坚冰，这是所有事物的发展规律。也就是说，开始自有开始原因，不会开始即止，多会顺势发展，自然之理。

象曰：履霜坚冰，阴始凝也。

驯致其道，至坚冰也：乾初九潜龙勿用，没做任何规定，开始的情况多顺势发展，就如践履到薄霜坚冰多将到来。这是规律。

启示

任何事物发展都有一个过程，但有的事物往好的、善的方向发展，有的事物却是往坏的、恶的方向发展。周易的核心是遏恶扬善，所以对所有新生事物即以“履霜坚冰至”为戒，一开始就以遏恶扬善自我警示，小恶顺势会发展成大恶，小善顺势会发展为大善。对坤而言，一开始就要遏制小恶、弘扬小善，助益其顺势发展。

2. 六二，直方大，不习无不利

乾九二“见龙在田，利见大人”，所面对情况都明确，所有要解决的问题都有规定，且合于情况。坤六二顺中正，坤卦主爻，只执行乾九二规定，本性具有相应能力，不用习练就能直接完成合乎乾九二规定之方，成就乾九二规定之大。不会出现不合乾九二规定情况。

象曰：六二之动直以方也，不习无不利地道光也。

乾九二规定准确合于情况，坤六二本能直接以乾九二规定行动，准确合乎乾规定之方。勿需习练，这是乾坤准确严格相协为用的本性自然。坤六二之行全面准确严格以顺天的地道，直接严格准确全面合乎乾九二规定，使其顺天之道的意义和作用大得光显。

启示

对于执行者，需要全面准确严格执行领导者的方案，才能成就大功业、光显天道。

3. 六三，含章可贞，或从王事，无成有终

六十四卦爻位都是上卦象坎险，下卦象离明，无一例外。坤六三内明之上，以柔处刚，内涵“章美”。象内有正确清楚认识的“章美”,可以“贞守”不能放弃。内在贞守明见的章美，爻位上体象坎险，所以“或”有上“从王事”机会。到时积极参与,以“贞守”的内涵“章美”解决“王事”需解决的问题，成就大功业，但不能把成就归于自己，是君王选贤任能的结果。没有君王选贤任能，六三仍处于下体，即使有明无所用，空明而已。这是事实，唯以事实才能有善终。含章可贞。

象曰：含章可贞，以时发也。或从王事，知光大也。

所有“见识”都紧密关联情况，所用贞对情况则解决问题成就其事，呈现为章美。悖于情况败其事，呈现为错误。故只能“以时发”，贞对情况行动才能实现预期结果，切忌随意发。或有从王事机会，以内含章美，贞对王事需要选择发用，解决王事问题，内含章美的意义得以光大。

启示

对于执行者，一定要针对情况才能实现预期结果，切忌随意发挥。同时需要注意，对于执行者一莫沾沾自喜，自我炫耀。二是凡有成就，勿归于自己，而归于主导者。如此这样，才会善终。

4. 六四，括囊，无咎无誉

于顺从执行乾规定之时，四位上比五，下应初。以阴处阴，行顺正，象谨慎之至，如括结囊口。绝不轻易发用。既不轻易发用所以不会有咎过，却也难有令誉。

象曰：括囊无咎，慎不害也。

坤六四爻辞“括囊”并非是找个口袋扎紧口，而是凡事谨慎，不会遭遇伤害。六四顺正象不会遭遇伤害。

> 启示
>
> 当下级与上级才德相类、权位相异时，从属者一定要谨言慎行，内敛光芒，以无事为是。如此这样，下级虽不会有巨大的声誉，也不会有太大的过错。

5. 六五，黄裳，元吉

“黄”义“中”，“裳”义“谦下”。坤六五所以能行“黄裳”得“元吉”之利，在坤六五对乾九五文言释爻辞“飞龙在天，利见大人”，就是“同声相应，同气相求；水流湿，火就燥……各从其类”，认识到凡欲得所从，唯先“从其类”，由能“从其类”必得“其类从”……至为简单明确的逻辑。为政之要首在从大德之人，欲得大德之人从，先从大德人所欲。“先从大德人所欲”就是行以“黄裳”，对正中情况的措施准确谦下，就是“尚贤”，是坤六五得“元吉”的根本原因。

象曰：黄裳元吉，文在中也。

刚柔有序同处为文。“黄裳”之“黄”为“中”，“裳”义“谦下”。坤以乾所认识行牝马之贞，故坤六五“黄”之“中”就是严格准确顺乾九五之刚中。“乾九五之刚中”是“政令制度”刚决准确正中情况,“坤六五之柔中”执行完全准确以“政令制度”。执行“准确正中情况”。坤六五爻象征意义。

启示

下级能处高位，最核心的是正中情况，而且能准确谦下，广泛听取意见、慎重斟酌，以使措施正中情况，得到最好结果。

6. 上六，龙战于野，其血玄黄

凡事极则变，顺至极亦不再顺，成交战。称“龙战”，喻阳刚主动战。上于外称“野”。古称“天玄地黄”，爻辞“其血玄黄”喻阴阳天地交战，战事激烈，阴阳都有伤亡。

象曰：龙战于野，其道穷也。

爻辞“龙战于野”指和平解决措施已穷尽，唯以武力，各方都有伤亡。

启示

如果主导者不能适时改变，提出更好的解决问题的方案，而追随者见识、实力日长，必然与其就行动方向、路线等根本问题发生争论，甚至征战。由此，主导者需要不断根据情势变化提出恰当的方案。否则，与追随者的征战不可避免。

7. 用六，利永贞

坤用六雷同于阳用九，都用变爻，不用不变爻，阳用九不用七，阴用六不用八，都指适时而变，不能固执刚柔。乾卦阳刚至极未变导致“亢龙有悔”。坤卦阴柔至极未变导致“龙战于野，其血玄黄”。都是固执刚柔的“执一”未能适时而变的必然结果。所有存在最高行为原则是贞对情况,就如人任事，完成制定措施当执行，执行完成情况改变，当制定新措施……所以“乾元不可为首”，“坤元利在永贞”。都指唯有乾坤阴阳行止贞对情况并相协为用才能实现相应之利。贞则有利，不贞则有害。不到或有过都“不贞”。利只在贞，凡事以贞，利自在其中。即孔子的“君子谋道不谋食”……

象曰：用六永贞，以大终也。

爻辞“用六,利永贞”指“以大终”,“以九终”,“以阳终”。一提示坤所行必须严格以乾的规定，准确合于乾规定。二指执行完成情况改变,出现需解决的新问题,必须再继续认识解决。坤至终强调以大终，乾卦至终强调“不可为首”，都是提示人的责任就是行以贞对不懈变化的情况，执行完成，情况改变，必须再认识变化的情况……故执行完成只是一个阶段，不是终结。这是作为能动存在的人必须自觉以之的生命自觉。

启示

“穷则必变，不能局限于一隅”，这是更有根本意义的问题。凡已确证原来最根本原则已不适用于发展了的情况，必须从根本处改变。坤变乾，柔变刚，由关注具体问题，改成认识形势，制定总体战略方案，这是根本方向的改变，要使总体战略适应发展了的情况。

爻文言传

①初六，积善之家必有余庆，积不善之家必有余殃。臣弑其君，子弑其父，非一朝一夕之故，其所由来者渐矣，由辩之不早辩也。易曰：履霜坚冰至，盖言顺也。

坤卦释顺乾之道及其结果，坤之初提示凡有行动必然造成相应结果，行动结果与其价值内涵相关，不懈动则不懈积累与价值内涵一致的结果。所以思想行为追求的内在价值内涵贞对情况最重要，需慎重审视尽早辨别。所以这里的“善”非道德意义，而是认识论意义上“合于”或“悖于”情况。

②六二，直其正也，方其义也。君子敬以直内，义以方外，敬义立而德不孤。直方大不习无不利，则不疑其所行也。

“直”义正对情况，“方”就是“义”，“适宜”，合情况对应的标准。敬，严肃认真。严肃认真于准确认识情况，外在情况完全准确直接通达心内，敬以直内。掌握情况则能制定适宜情况的措施标准之方，义以方外。以“敬义”当能谋划出所处情况需解决问题的“措施方略标准”，继之以之执行解决问题。问题解决得以发展直接成其大。整个过程只以“直”的掌握情况，以情况制定解决措施之“方”。执行措施之“方”解决问题，自然成就其“大”。只以此，勿需习练其他就能成其大，无任何不利。

③阴虽有美含之，以从王事，弗敢成也。地道也，妻道也，臣道也。地道无成而代有终也。

坤顺乾，卦爻辞都阐释顺乾之道。就爻位说，下卦象明体，六三以阴处刚，内明之上象有正确认识内涵“章美”，含章可贞，有正确认识的“章美”可以“贞守”不能放弃。由贞守明见的章美，加之爻位象上体坎险，“或”有“从王事”机会，则以“贞守”的内涵“章美”恪尽职守，解决“王事”需解决的问题。王事问题解决大有成就。但不能把成就完全归于自己，主在阳刚认识，君王选贤任能。没有阳刚认识君王选贤任能，仍混杂于群阴中，即使明，不得其用何以确证明。这是事实，唯以事实才能确证得以善终。所以不能以为自己所成。地道和天道关系也如乾坤关系。妻道也，是古人的观点。臣道也，上已述及，既有臣也能知大始原因，更有上级选贤任能原因。所任用下属是否知大始贤才，是所任上级是否称职的确证。

④六四，天地变化草木蕃，天地闭贤人隐，易曰：括囊无咎无誉，盖言谨也。

易中天地即乾坤阴阳，变化即各种原因造成改变。坤卦象天施与地生万物的阳光雨露，地存储阳光雨露哺育万物生长。人事上制定政令下达执行。自然天地如是变化相协为用，造成草木蕃盛。天地闭隔，天不再适时施与阳光雨露，地不哺育万物生长。人事上政令或不贞对情况，或不能畅达，在下贤哲只能隐遁，这就是坤卦六四爻辞“括囊无咎无誉”，不发表任何意见如括结囊口，以此自然无令誉，却也不会引致灾祸，这是坤六四象征情况与处卦坤四位当以的原则，也就是言行谨慎甚或隐遁。

⑤六五，君子黄中通理，正位居体，美在其中，而畅于四支，发于事业，美之至也。

“理”字由“王”和“里”构成。“王”会意字，三横画分别象征“天地人”所有存在，再无其他。称为三才。中间一竖画从中间贯通上中下三横画,象征以“中正”贯通“天地人”三才，对世界所有存在认识都严格准确。故“王”字义为“贯通天地人三才且中正者为之王”。“里”字上“田”下“土”,“土”字义客观本有的全部存在。“田”字义人对客观本有实在存在的认识，梳理，划分，应用。故“里”字人对对应客观本有实在存在的认识、梳理、划分。“理”字人对对应客观本有实在存在的认识、梳理、划分、应用都严格准确中正于“天地人”三才，既中正于天道，也中正于人道地道。

黄中通理，“黄”中色，义“中”，“正确，准确”。“中”字动词“打中”“正中”。这里六五文言的“黄中通理”是所有认识都准确到“既中正于天道，也中正于人道，地道”。所以处于坤卦五位就是下面的“正位居体”。“黄”字有“地”义，顺天的意思。古时皇家的服装都黄色，象征认识行为都如大地准确顺天合于天。

正位居体：正位指尊位坤卦五位。居体，居坤顺行坤道顺道之体。释爻辞“裳”。

美在其中，而畅于四支，发于事业，美之至也：认识正中情况，美在其中。行为顺应情况，正中情况，“畅于四支”。“认识正中情况”,“行为顺应情况，正中情况”,“畅于四支”，所有问题都顺利准确解决，“发于事业”。所以“美之至也”。

⑥上六，阴疑于阳必战。为其嫌于无阳也，故称龙焉。犹未离其类也，故称血焉。夫玄黄者天地之杂也，天玄而地黄。

上六阴盛极与阳势力近等，阳刚怀疑，阴阳交战。坤卦纯阴无阳，爻辞“龙战于野”，义上六盛极与阳势力近等，开始特殊情况下的阴阳交战。阴盛极仍是阴类，未离阴类，但实力可与阳堪比，爻辞称“其血玄黄”，双方都有所伤之义，又指“天玄而地黄”。地黄无需多言，我国北方黄土地，故古人称“地黄”。“天玄”，有多种解释，大概指天玄妙不可知。近于合理。

乾坤对人的提示意义

第一，乾坤的象征意义。

乾坤分别象征认识和实际执行实施主体及其关系。乾主认识，具有见识。坤具有理解乾的认识能力和完成乾意图的能力。

就人而言，乾犹如思想，责任是认识。坤如躯体相应部位，按照思想认识，实际实现思想的意图。所有要取得成绩的个人，必须有乾性，又要有坤性。有乾性，就需要知道实现个人最佳目标的方案是什么；有坤性，就需要个人能够持之以恒地去实践这最佳方案。

就组织说，方案制定是乾，实施完成是坤。在组织中，一般制定方案的主要是领导者，实施方案的主要是追随着。组织要获得成功，一定要有正确制定方案的乾，也一定要有能高效落实方案的坤。方案错误，或者有方案不能落实，都不能取得组织的积极成果。

第二，对个人的启示。

要找到最佳方案，个人就必须经过严密思考、逻辑上严格推理。很多个人在做行动方案时，不肯花时间去搜寻信息、寻找替代方案，也不想着跟他人学习、讨论，也不去听利益相关方的建议，仓促决定，造成后来方案实施的困难甚至失败。甚至有他人在对方案提出质疑时，不考虑意见的合理性，去压制意见，一意孤行，这些行事原则都会导致方案不能亨通。

个人的最佳方案，实际上是事情的收益与成本之差最大的方案。要找到这样的方案，个人就需要学习、借鉴同行业或者不同行业的其他优秀者的方法、经验，这样才能做到少走弯路、成本最低。个人的才智是有限的，站在巨人的肩膀上才能看得更高更远。

要制定出最佳方案，方案制定者一定要有足够的灵活性，要根据现实情况变化对方案进行调整，不能刻舟求剑，把过去的成功经验变成束缚自己的枷锁。但同时必须紧紧盯着最佳目标来改变。只有在最佳目标的导引下，方案的灵活性才有意义。

这些认知原则对生活中的每个个体都适用。运动员是如此，演员是如此，科学家是如此，任何人无不是如此。

对于个人来说，不仅要有认知能力，还要有执行能力。现实中有很多人，并非不知道怎么去做，而是不能持之以恒去做。王阳明倡导“知行合一”，一个人要做出功业，仅仅有想法是不够的，必须要将想法付诸实施，并且不断寻求反馈，改进行动方案，最终实现认知中的最佳目标。

第三，对组织的启示。

组织方案制定与个人制定方案的原则接近。领导者在构思方案时，也一定要反复思考、多方验证，以使其制定的方案能够行得通。也一定要遵守利的原则，即要让方案收益大于成本。要做到这一点，最重要的是尊贤为大。也即领导者在做方案时，一定要寻找对方案涉及问题了解的专家，听取专家意见；在职务安排时，一定要找到最符合岗位要求的人。这样的方案做出来，才会达到利的状态。

领导者构思方案时，一定要因地制宜，因时制宜，因人制宜。如果环境发生了重大变化，领导者的方案也一定要发生改变，不能墨守陈规。但更重要的是，领导者要去监控环境变化，预测环境变化。如果不对外界环境变化保持充分的敏感，领导者就失察。如果外界环境变化已然发生，领导者又不肯去改变，领导者更失责。

在组织中，坤要执行领导者的方案，首先一定要深刻理解乾的意图、需求，不能仅仅就方案理解方案，而是要看到方案背后的最佳目标，这样在执行方案时就会有更多的解决思路。在组织中，坤要执行好乾的方案，还需要制定更简单、更具体的行动方案。领导者与追随者在组织中的地位不同，视角不同，乾制定的方案一般会较为抽象、涉及长远，坤就需要把乾的方案进一步具体化，并且有明确的时间界限、步骤，让乾的抽象方案落地。这是坤作为执行者应该具有的技能。

第四，乾的行为原则是“元亨利贞”，坤的行为原则是“牝马之贞”。

组织方案一般是由领导者制定的。就领导者来说，其最重要的职责是元，也即确定组织的最佳目标，并制定实现最佳目标的行动方案。所以，对于领导者来说，其首先是知性主体，确定正确的最佳目标以及行动方案是领导者的职责，也是领导者与非领导者进行区别的最重要内涵，是追随者是否追随领导者的重要原因。对于组织的领导者，尤其是一把手而言，要有高度自觉，要自觉认识到自己的使命，要孜孜不倦地寻求认知上的突破，看清现实情况下组织最应该做的事情，并提出合适的解决方案。在现实中，有很多领导者回避组织问题，不能面向未来，只纠缠于组织内部的细节，甚至越位去做更下级领导者做的事情，这是作为组织领导者的大忌。

组织中的方案主要是由追随者来完成的。追随者的行为原则是“牝马之贞”，也即如果组织中存在乾，已经制定出实现最佳目标的行为方案，追随者最重要的是千方百计地落实这个方案，而不是自作聪明，另起炉灶；或者推诿偷懒、磨洋工。如果坤能顺乾，一心一意、千方百计地实现坤设想的方案，坤会有最好的结果。

在组织中，领导者因为正确认知而成就其功业，进而成就其领导者的地位。领导者有正确的认知，并且把正确的认知通俗易懂地讲给追随者听，让追随者能够接受领导者的理念，并贯彻落实，就能实现组织最初设定的目标。

相应地，追随者因为卓越执行而对组织做出贡献，进而夯实其在组织中的地位。追随者能准确理解领导者的意图、思路，并且用简单易行、合理合情的方法去落实、实现这个方案，追随者与领导者的完美配合，会成就组织大业，同时也会得到组织成员的认可与回报。

附　“德”字的蕴意

解《易》者多将“元亨利贞”说为“乾卦”或说“乾”性存在之“四德”。为此有必要对“德”字蕴义略作如下说明：

“德”字蕴意极其复杂，仅“德”一字，或写几篇文章都难尽其蕴。这里作为注释，只能做最简单陈述。“德”字由“彳”、

“直”即“十、四、一”、“心”三部分组成。为“会意字”。左“彳”表示行走的人。或说“人的行为”（汉字部首，双立人表

示人的行为，行走、活动）。右上“十、四、一”三字构成“直”字，即古汉语“值”的本字。义“相当”，即现在说的“物有所值”，“相称”。右下“心”字，古人认为的认识器官，指人的认识。故“德”字意义是，“彳”表示的“人的行为”，与“心”的认识为“直”—— 相一致，吻合，即“值”。或说人的行为完成了心的认识。如 此人具有了，实现了，得到了心的认识。此外还有其他多种解 释，这里只取最简单者作解。

综合而言，由人要认识的所处环境“时”的“天理天道”。一旦被认识并实际实现，就是具有了相应的“德”。故“德”字指认识并实际实行，实现了、具有了天命标准的部分。由认识及认识指导下的行为合乎天命标准，才能实际实现。故人之

“德”为其认识并实践成功，确证得到而具有的天道真理部分。实际践行了，实现了，达到了，具有了的“天命规定”。

屯

震下坎上

屯卦象征事物新生，其卦启发事物新生时任事主体的任事原则

序卦：有天地，然后万物生焉。盈天地之间者唯万物，故受之以屯。屯者，盈也；物之始生也。由此，屯卦象征事物的开始，紧随乾坤之后。

屯卦的卦象是坎上震下。震在下，象征地上有雷。坎在上，象水在天上，即“云”。屯卦象，上坎下震，天上有云，下有雷震，象征将雨未雨状态。又坎性险，震性动，象征外险内动，动于险中，在险中动。所以，屯卦中有“危险、艰难”之义。

屯，会意字，从屮贯一。“屮”，象征“草”。“一”，象征地表。“屯”卦象征草木初生，正在突破地面。所以，屯卦既艰难，又难分辨新生事物究竟是何物，象征阴阳未和洽，称屯难。

就卦阴阳之交说，阴阳不交为否，交通为泰，始交未畅为屯。屯象征初生之难，未来可能会亨泰，但当下阴阳刚开始交汇，不能达到亨泰。

卦辞：屯，元亨利贞，勿用有攸往，利建侯

据传《彖传》为孔子对《卦辞》的解释。无论是否确实，《彖传》应当是对《卦辞》最权威的解释，这一点学者们似无分歧。故本书诸卦只列出卦辞，凡无特殊需要，不予解释。以《彖传》理解卦辞。后面的卦都如此，不再重复说明。

彖曰：屯刚柔始交而难生，动乎险中。大亨贞，雷雨之动满盈。天造草昧，宜建侯，而不宁。

屯刚柔始交而难生，动乎险中。

这是屯卦的象征意义。"屯刚柔始交"，屯卦上坎下震，两卦都是刚柔阴阳开始交合。"而难生"，刚柔始交于初成，内卦震，性为动。再交于中，成外卦坎，性险；外坎内震为屯，象初生艰难，称"屯难"。"动乎险中"，屯卦象外坎内震，外险内动，象动乎险中。在险中动，所以难。这是《彖传》所指"难生"的来源。

> **启示**
>
> 事物新生，不确定性很强，新生事物发展会遇到诸多风险。

大亨贞，雷雨之动满盈。

释卦辞"元亨利贞"。屯卦辞"元亨利贞"意思是"大亨贞"，可大得亨通，但必须以"贞"。也即，如果新生事物所动总能"正"对所处情况需要，在所处情况允许下，解决所处情况需要解决的问题就能亨通。如果违背情况允许，则不能亨通，甚至还会

生出很多风险。

“雷雨之动满盈”,所处情况就如“雷雨之动满盈”的状态，天上雷震连连，地上雨水满盈。随之会有杂草突出地面丛生，很难预料再发生什么情况。所有这些都是人需应对的屯卦象征的环境。顺应能大得亨通，违背必然失败而难生。

启示

在面对新生事物、新的情境时，要充分认识到环境的不确定性，并在环境允许的情况下提出解决问题的思路。

天造草昧，宜建侯，而不宁。

这是解释卦辞“勿用有攸往，利建侯”。

“天造草昧”，是指新生事物刚刚诞生，还处于自然“天造”阶段，人们对所面对的情况一无所知，如“天造草昧”。凡盲目行动，则“动乎险中”。不仅不能亨通，反可能生出新险难。

“宜建侯”，对“天造草昧”的情况，人们最紧迫的是认识所面对情况，采取正确措施。为此，一需调查研究，二需提高认识能力。这二者都需有针对性的计划安排。而要有计划安排，必须确立领导机构和相应职位人选。因此，“宜建侯”。

“而不宁”，建侯之后，不是万事大吉，不能安宁处之。应随即开始有组织成系统地安排工作，调查情况，了解环境，组织培训，提高认识。在了解情况，提高认识和行动能力基础上，制定行动方案，按方案行动。所有这些行动都是“不宁”。“而不宁”是对所建“侯”的提示。堪任“侯”之任者，亦当有此意识和能力。

> 启示
>
> 在面对不确定的情境时，要马上建立组织机构，去调查情况，了解新生事物，同时培养能力影响新生事物的发展，而不能听之任之，懵懂不知。

屯卦的几个爻更详细阐述了面对”“屯难”时的任事原则

象曰：云雷屯，君子以经纶。

经纶，经纬纶缉。经纬，织布的经线和纬线，长者为经线，短者为横的纬线。纶，整理丝线；缉，把短线连接起来。义为把杂乱无序状态梳理清楚。屯卦的象一语中的，说明所有事情开始第一步都当是梳理情况，在此基础上才可能找出应对措施。屯卦的爻又进一步细化解释了任事主体在不同情境下的重要任事原则。本书只选择有启发意义的爻来讲。

1. 初九，盘桓，利居贞，利建侯

初九，盘桓：阳在下，象征屯难之世，刚明之才居下，未能便往济屯，故盘桓。如果贸然遽进，或犯险难。利居贞：贞，行为正对情况需要。初九所面对情况复杂。一处屯难，需赴难。二自身阳刚，有济难才德。而且初九又最了解基层情况，有济难条件，本当赴难。但身处卑微，若贸然前往，名不正言不顺。所以盘桓是其所必然。利建侯：初九刚明，处屯最下，象征其

最了解情况，适于任济屯难之侯。

启示

新生事物出现，总有处于一线的个体既了解实际情况，也有行济救难之心，对于组织的领导者来说，最合适的就是寻找这些个体，并把这些个体提拔到管理岗位。

2. 六四，乘马班如，求婚媾，往吉，无不利

乘马班如：班如，徘徊不进。六四以柔正之体，处近君之位，得上正比。然其阴柔不足以济屯，故欲进复止，乘马班如。求婚媾，往吉，无不利：六四才德不足以济屯难。然以顺体处近君正位，与在下之贤初九正应，象征能与初九“婚媾”，即协力共辅阳刚中正之君，如此无不利。

启示

在屯难之际，在领导身边的“近臣”虽然有与领导接触的便利，但其才能不能解决屯难出现的问题，因此这些近臣需要与最了解情况、最有能力解决问题，但职位较低，处于基层的个体合作。这是六四最明智之举。

3. 九五，屯其膏，小贞吉，大贞凶

屯其膏，小贞吉，大贞凶：九五处险中，虽然已经采取了一些措施，但由于事物刚刚出现，组织不健全，上下沟通不畅，不能顺畅实施措施。九五所能做成的只是小事，很难马上有大作为。

启示

在新事物出现之时，因为组织内部的机构不健全，沟通不及时，组织的管理者只能小步成功，逐步推进，不可能一蹴而成，取得巨大成绩。

屯卦提示的任事原则

1. 屯难是任何组织的常态。上卦象征组织总体，下卦象征组织内局部。上坎下震，象征由局部之动造成了险难。这风险可能涉及总体,也可能只涉及局部。即使是后者也属于总体，都是组织总体有风险。

由下动带来的风险，或者是由于解决此前问题造成了新风险，但不一定指处理此前风险有失误，更包括此前成功处理了风险，解决了原来存在的问题，但随着组织进步发展，在组织进步发展时必须解决新问题带来的风险。

由此，不难理解，现实世界混沌、变化、动态，不清晰，不断出现新生事物，不断衍生新问题，因此“屯难”是任何组织乃至个人的“常态”，总是处于有险难需要解决的状态中。

2. 要解决屯难，高层授权给刚明的基层非常重要。要认识新事物，解决新问题，就需要有行动，需要努力去认识新事物，寻找解决方案，这就对行动主体提出了要求。行动主体一要最了解情况，能深入问题最深处，同时又刚明正确，具有解决问题的才德，也即屯卦中提到的“初九”。“初”象征最了解情况，深入到问题最深处；“九”象征刚明，具有解决问题的才德。这里初九并非特指某个具体人，而是最了解情况，又能解决所面对问题主体。所谓“侯”亦并非总是特指某一人，是针对不同问题选择最适合的人。但选择原则相同，一是最了解情况，二是刚明，具有解决问题才德。

要解决“屯难”，高层管理者（六五）授权给刚明的基层（初九）非常关键。

组织中，如果最高领导者不刚明，很难清晰梳理出解决新问题的思路。即使最高领导者刚明，因其远离一线，对新问题缺乏深入的了解。因此,组织最高层领导者最应该做的是授权，授权给“初九”，这是解决屯难的关键。

在这里，需要强调的是，高层管理者委任的基层人员可能原来没有任何职务，也没有历史上的辉煌成就。高层管理者一定要不拘一格选拔人才，不限于身份，不限于地位，不限于历史功绩，唯才是举，这样才有可能做到尽快对新生事物达成准确认识。

3. 解决“屯难”的认知原则。

第一，需要认识到“屯难”所面临的环境具有很强的不确定性，处于混沌状态，如果处置不当，会给认知主体或者相应组织带来危险，因此要认真对待，不能掉以轻心。

第二，新生事物要发展顺利，一定要因时而异。因时而异，就是新生事物要顺利发展，所采取的措施就一定要与环境紧密结合。当环境变化时，采取的方案和措施也要发生变化。

第三，要解决出现的新问题，重中之重就是选择合适的人选，建立领导机构，由合适的人员组织制定方案。

第四，在选择了合适的人员，建立了合适的领导机构之后，要迅速行动起来，对组织人员进行培训、教育，并进行调查与访谈，尽快弄清楚新生事物的本质和特征，脱离对新生事物的蒙昧无知状态。

附：关于《易》中“占、卜、筮”

易中“占、卜、筮”都是求解问题方式，过程不同，目的都在解决疑难问题。其过程繁复，又几无任何实际意义。甚至有意故弄玄虚，以示神秘。笔者愚见，《易》“占、卜、筮”是《易》最严重的糟粕，决不可取。《易》卦象征意义及卦爻辞，乃至《易传》等，确有诸多提示意义。其所以具有意义，就是强调人的行为当合于所处情况的“天理天道”，即“因果律”。就是根据所处情况决定当下如何行动。所处情况是“因”，当如何行动由“因果律”决定。“天理”就是由“因”到前进一步的“果”的逻辑关系推理。这逻辑关系推理就是中国文化的“天理”。“它”——“天理”在所有人的思想里天然就有，只是每个人把握的深度广度不同，并随其知识、见识、经验扩展，也在扩展着，深化着。也正由于此，由当下条件，到向目的前进一步，不同人会有不同认识。同一个人随着知识、见识、经验扩展，会扩展深化对具体问题认识。

蒙

坎下艮上

序卦：“物生必蒙，故受之以蒙”

屯卦指事物始生状态。初生物必蒙昧，对自身及所处环境无了解，亟待认识。因此《易》于屯卦后安排蒙卦。

蒙卦艮上坎下，艮以山为象，性为止。坎以水为象，性为险。蒙卦象征山下有险，欲行被高山阻止，欲止也有险。此时任事主体不知“能如何，当如何”，处蒙昧状态。

蒙卦象属常态，凡未经历的，都会因无知而蒙昧。《易》主旨是如何解除蒙昧，变蒙昧为具有明确认识的措施。这一过程，称为“发蒙”。启发蒙昧，使有正确见解，即开发蒙昧的发蒙之道。

卦辞：蒙，亨。匪我求童蒙，童蒙求我。初筮告，再三渎，渎则不告。利贞

彖曰：蒙，山下有险，险而止，蒙。蒙亨，以亨行时中也。匪我求童蒙，童蒙求我，志应也。初筮告，以刚中也。再三渎，渎则不告，渎蒙也。蒙以养正，圣功也。

蒙，山下有险，险而止，蒙。这句释蒙卦象征意义。蒙卦上艮下坎，象征山下有险，又象征内有坎险，所处危险。外遇高山阻隔，不得进，内又有险情，不能止。对任事主体而言，进止皆不可，不知当如何，能如何，处于蒙昧状态。

由此，也可以看出蒙卦提示的是任事主体处于蒙昧状态时的任事原则。

蒙亨，以亨行时中也。对任事主体而言，虽然其行止皆不可行，仍有可行而能亨通之道。这可行且能亨通之道是“以亨行时中”，也即以能亨通为目的，根据所处情况，谋划如何一步步前进的措施并施行。由此当任事主体处于对全局或较长阶段情况蒙昧、不能准确把握时，则暂停探讨细节完整的总体方案，而基于当下情况，谋划逐步行进措施，能走多远就走多远。但需所有行为都有根据，有把握不生出风险，不盲动。确保情况逐渐改善后，再基于前进这一步后的新情况，谋划继续进行的措施，将事情逐步推进。这个过程不断重复，直至解决问题。在这个过程中，任事主体不图快，只求“准”，万不得已，宁肯等待，也要确保情况改善。不使处境变坏是其首要原则。在此前提下，能前进多少就前进多少，不能前进宁肯等待。如果等待亦有危险，后退能获得安全，则后退至安全境地。再以上述原则谋求前进之策。

由此，“以亨行时中”是《易》所提出的面对蒙昧状态时的重要行为原则，涵义极其深刻，博大，这里强调人在整体未知时，可从局部突破，能把握多少就推进多少。推进之后情势已与原来不同，继续推进，直至认识清楚了问题，解决了问题。一定意义上可以说，“以亨行时中”是突破僵局的思维钥匙。

除了以上意义，“以亨行时中”也包括出现从未预料的极好时机，有取得重大前进机会，只要情况准确，确保判断无误，则下定决心抓住这重大机会，前进突破。

在某种意义上说,《易》核心思想之一就是“以亨行时中”。分解开说,“亨”义为能顺利通行;“以亨”,以能顺利通行为目的;“行”，所采取措施，所施行。“时”，所面对情况；“中”正中目标之“中”，“时中”，所采取措施正中所处情况需要，能达到可能的最好结果。总之是指一切根据情况，谋划行动方案，以方案施行。

启示

“以亨行时中”,时时处处都适用,都可用。学《易》的重要内容之一，就是把握准“以亨行时中”。

匪我求童蒙，童蒙求我，志应也。

匪我求童蒙:九二以刚明之贤处下之险中,即彖辞的“我”。六五阴柔，处高山之中，不得行，后有坎险，进退皆不得，不知能如何，这即彖辞所指“童蒙”。“匪我求童蒙”不是刚明之士主动去给处于蒙昧状态的“六五”施教。

童蒙求我，志应也：只有童蒙六五诚心求教，请教者与求教者心志相应，才能得施教。这既由于古时重师道，也是产生教育效果的前提。没有受教者的主动，不会使施教获得相应效果。

六五具柔中之德,象征会求教在下之贤。九二以刚中之贤,象征有刚中之策,能适时施教,成就六五脱蒙之志。

《程传》以“古之圣贤所以必待人君致敬尽礼而后往,并非自为尊大,是由君非尊德乐道,不可能与之共有作为。这句解释”“匪我求童蒙,童蒙求我”之所指。切中肯綮。

启示

任事主体要破除蒙昧状态,一定要诚心求教、主动求教,不能高高在上、妄自尊大。

初筮告,以刚中也。再三渎,渎则不告,渎蒙也。

初筮告,以刚中也:筮,古时用蓍草占卦,询问吉凶。这里可理解成以因果逻辑施教,解求教者之惑。“初筮告”,“九二”以刚处中,能准确施教,首次提问准确回答。“刚”,刚明,知者。“中”,行为严格以职责标准,不会有偏失。这里指作为教育者,受教者提问必认真准确回答。

再三渎,渎则不告:再三提问同一个问题,为受教不诚,亵渎施教师长,不再告知。

渎蒙也:如果求教者再三亵渎施教师长,施教师长仍相告,也是师长亵渎受教蒙童。因为受教者如果不改变受教态度,则施教无益。对于施教者而言,最应当施教的不是所问具体问题,而是使受教者具有正确的受教态度。不再告是教其端正求教态度,这是最急需教育的地方。只有首先教会求教者正确的求教态度,才能达到施教目的。

> 启示
>
> 对于施教者而言，不仅要有施教的能力，更要讲究施教的艺术。

蒙以养正，圣功也。

释卦辞“利贞”。蒙以养正：当任事主体处于未开发之蒙昧状态时，对其教以圣人之道，是其成长进步最有成效的做法。一旦被玷污不正，再施教以正，就需先去除所玷污不正，犹如染布，已涂不正之色，需先清除不正，相比较于白色，不仅耗费极大，亦无可能得到纯正结果。

圣功也：初筮告，再三则不告，是成就圣人的功业，只能施教以正。

> 启示
>
> 施教者一定要按正道、以正确的方法教授，这才能成就施教者的功业。施教者认识不正确，甚至教给人歪门邪道，是万万不应该的。

象曰：山下出泉，蒙。君子以果行育德。

山下出泉，蒙：下坎象泉。泉水出而遇山，不能顺利流出，持久如此会泛滥成险。象征所处将成险，进被高山阻隔，退则进入险中。进、止、退皆不可，不知如之何，这是典型的蒙昧状态。

君子以果行育德：凡不知当如之何，唯有果决于育德之行。育德，通过“求教，学习，思考，认清当如何行动的见识，技能”。“果行育德”，果决于行育德，果决于育德之行。果决于学习思考，弄清情况，积累知识，提高认识，自会解除蒙昧，顺利向前。不是育德和行动同时进行，是先提高才德，再基于才德任事。

> 启示
>
> 君子处于蒙昧状态，一定要迅速行动，提高认识、提高才德。在这个过程中，向刚明的专家求教是提高认识和才德的最简洁途径之一。

关键爻象征意义

1. 九二，包蒙吉，纳妇吉，子克家

象曰：子克家，刚柔接也。

包蒙吉：九二刚明之才，是发蒙之主，施教师长。九二处内之中，内有中德，象征能包容蒙昧，而且因材施教以中，收到可能的最好结果。纳妇吉：以阳处柔，性刚行柔。六五柔中，巽顺受教，九二六五相应，象征准确施教以中，"纳妇吉"所指。子克家："克"义为"能"。下坎九二为中男，乾坤之中子，施教"全家"，能胜任治家之任。"刚柔接"，以九二之刚中承接六五之柔中。

> 启示
>
> 在发蒙的过程中，九二既具有中正之德，也具有发蒙的才能，也即其既有治家理国的才能，还能够根据受教者的天赋、经历以及后学积累因材施教，收到最好的结果。

2. 六五，童蒙，吉

象曰：童蒙之吉，顺以巽也。

六五，童蒙，吉：五以柔中居尊，下应九二，六五纯真质朴，像儿童一般无邪蒙昧。六五虽然如儿童一般处于蒙昧状态，但其谦逊、巽顺于刚中九二，听从九二教诲，所以无不成功，所以吉祥。

> 启示
>
> 对于组织主导者而言，蒙昧并不可怕，只要组织主导者谦逊诚恳，能听从九二教诲，就会事业顺利。

蒙卦提示的任事原则

蒙卦讲施教发蒙之道，要点有五。

第一，“以亨行时中”既是蒙卦的重要内容，更为《周易》核心思想之一。

现实生活中，人们经常会处于蒙昧状态。蒙卦解释了人们处于蒙昧时的行为原则，即“以亨行时中”，也即人们不能把握事情全貌，看清事情未来发展方向时，就暂停探讨细节完整的总体方案，而基于当下情况，谋划逐步行进措施并付诸行动。在行动的基础上，再进一步谋划措施，逐步迭代，逐步推进事物的发展。“以亨行时中”是蒙卦解除蒙昧的首要措施，也是整个《易》的重要任事原则。所以人们当终身莫忘，适时选择使用。能自觉于“以亨行时中”，大概很少有不能逾越的障碍。用这样的方法来把握事情本质，能适应所有无奈情况，不会止于穷途不得行。

相反，如果人们遇到不确定的情境，碰到令人困惑的问题，不能了解事情的本质，就放弃了解事物，放弃行动，就很难有对事物的正确理解。事实上，很多问题的解决都在于人与环境的互动，在寻找解决方案的路途中方案会逐渐清晰，因此“以亨行时中”是摆脱蒙昧的首要措施。

第二，“匪我求童蒙，童蒙求我”，讲受教施教关系。只有受教者认清“受教结果决定自己命运”,“端正态度,认真受教”，才能取得理想效果。

尤其对于身处高位的领导者而言，一定要端正态度，诚心诚意求教。在组织中，很多高位的领导者会有一种错觉，认为自己无所不能，无所不对，不愿虚心求教。事实上，每个人因为个人的禀赋、经验、知识、阅历不同，对世界的认识不同。又因人的时间、精力有限，绝不可能在每个领域都成为专家。作为组织的最高层领导者，一定要能自觉认识到自己认知的局限性，保持对未知的谦卑心态，才能诚心诚意求教。另外，还有一些领导人虽然知道自己认识不清，但出于虚荣，也不愿意虚心求教。这些领导者需要清楚，对于个人最重要的不是暂时的虚荣和权威,而是事业的成功和组织的发展。去掉全知幻觉，去掉权力带来的虚荣，面对真实问题和真实情景，诚心诚意去寻找解决方案，才是领导者最应该做的事情。

第三，“初筮告，再三渎，渎则不告”，再次强调施教者要重视受教者的受教态度。

“筮”不是卜“筮”，义为“施教以因果逻辑”，继续强调受教态度举例。当根据受教者表现，判断其受教态度，决定如何施教，教什么。

很多时候，受教者叶公好龙，看起来很有诚意，但再三提问同一个问题，说明受教不诚，不认真，既是亵渎施教师长，亦是亵渎学问本身。如此再继续施教无益，不再告知。由此，教育者在教育过程中，首先要调动受教者的学习热情以及学习愿望，这甚至比传授知识内容更重要。

第四，象辞“蒙，君子以果行育德”，凡蒙昧，唯有“果行育德”，果决于育德之行。

处于蒙昧状态，只能首先提高对所面对问题的认识理解，才能据此谋划解决措施，制定行动方案，然后根据方案行动。如果处于蒙昧状态的君子一直放任蒙昧状态，不迅速采取行动认识问题，蒙昧将一直不得解，问题也不会得到解决，很可能愈演愈烈。

第五，施教者九二刚明中正，所以能有“包蒙吉，纳妇吉，子克家，刚柔接”的结果。易中刚中、柔中都有极大意义。做到刚中柔中，都需要知时，需要具有中正于时的大智慧。

“蒙以养正，圣功也”。任事主体面临蒙昧时，要直接找刚明中正的师长求教，效果最好。如果蒙昧之时，所找的师长也蒙昧不清甚至传授的是错误内容，这会给受教者带来巨大的负面效应，以后想要正本清源，就要花费更多力气。所以，受教者在蒙昧时要谨慎选择施教者，以免走弯路或者误入歧途。

需

䷄

乾下坎上

序卦：蒙者，蒙也；物之稚也。物稚不可不养也，故受之以需。需者，饮食之道也。

《蒙》者，蒙也：蒙卦释蒙昧及解除措施。

物之稚也：稚嫩多蒙昧，合情理。但蒙昧之稚并非仅限于年幼之稚嫩，体力稚弱。蒙昧只决定于见识，见识决定于才德。这几乎与体力无关。由才德不济决定见识不济而蒙昧。若见识正确且明确，则无蒙昧。同一情况，对才德能正确认识者无蒙昧，则清晰。对才德不济者必蒙昧，不明确情况，更无应对措施。

物稚不可不养也，故受之以《需》：此说无大错，但欠准确，应当明确“稚”是体力稚嫩，还是才德“稚嫩”。体力稚嫩几乎与蒙昧无关，才德“稚嫩”不济却会带来蒙昧，就需要养德。这二者截然不同。

《需》者，饮食之道也：如把“饮食”单纯理解成“吃饭”，则几乎不着边际。吃喝不能解决蒙昧问题。这至少为序卦释六十四卦最明显的含混之一。如果“饮食”指增益学识才德，则“饮食”能解决蒙昧问题。但不能强制读者接受“饮食”是指补益学识才德。如果“饮食”是指“补益才德”,又何以用“饮食”来表述?《易》以“饮食”解决“蒙昧”问题，给读者带来极大困惑，无谓浪费了很多精力、时日。

需卦象，上坎下乾，险在天外，象征险难不会迅疾降临，所以不需要立即处理。但迟早也需处理、应对险难，所以应该当明确所需能力。

可等待，只是不必立即处理。等待不是什么都不做，一是了解观察情况，二是检讨自我能力，根据情况补益才德，提高能力。这才是处需待之时，养之内涵所指。所以“养”就是养德，提高见识和能力。

卦辞：需，有孚，光亨，贞吉，利涉大川

彖曰:需,须也。险在前也。刚健而不陷,其义不困穷矣。需，有孚，光亨，贞吉，位乎天位，以正中也。利涉大川，往有功也。

需，须也。险在前也。刚健而不陷，其义不困穷矣。

需义为“须”,“须”意为必须的行动。在这里，必须的措施是等待。因卦象“险在前”，立即处理或者很难获胜，或者代价太大。而等待会找到既能解决,又代价较小的时机。因此，当下等待是最佳选择。

险在前，卦象“坎在前”，亦象“水在天上”。天上之水为蒸腾之气，象征未来或将有质的改变，现阶段处于改变中，需等待。

需卦内乾，象征内有刚健天德，不会永远限于险难，永远不得进展，必定会有解决之策。

启示

需卦提示人们面对困难险阻，如果马上解决成本太高、很难获胜，甚至毫无头绪，等待是上上之策。

需，有孚，光亨，贞吉，位乎天位，以正中也：需，有孚：需卦九二、九五以阳刚居中，中实，象征“有孚”，任事主体会有可行措施和实在结果。光亨：前景会光明，亨通。贞吉，位乎天位，以正中也：情势之所以“光亨”，就是卦象九二处下卦乾之中，中必正。更指九五以中正处天位，象征“九五、九二”所行总以“正中”为原则，这为“贞”，必“吉”。

启示

所有险难的解决，所有顺利的获得，最终还是依赖具有刚明才能、行事中正的人才。

利涉大川，往有功也：由九五“有孚，光亨，贞吉，位乎天位，以正中”，什么险难都能涉越。涉越险难越大，成就功业越大。以此前往，必能成就大功业。

启示

任事主体处事中正，就不惧任何困难险阻。越是大的困难，越能成就大的功业。

象曰：云上于天，需。君子以饮食宴乐。

云上于天，需：云气蒸腾上升，变水为汽，象征坎卦以水象征之险，会如水变为汽那样，因此不需着急，等待合适的结果出现。

启示

组织所有的困难并不一定要立即着手解决，在危险不急迫时，等待也是一种解决问题的良好思路。

君子以饮食宴乐：饮食，当然包括饮用食品增强体魄，但需卦象辞“饮食”或只能是畜聚学问才德，以具有识别大势的见识能力。才德能解决所遇问题。所谓险则不再是险。

启示

如果任事主体能力不足以承担大任，抓紧时间提高自己的能力也是明智之举。

从《易》总体看，需卦主义也许就是进行全员教育，提高总体解决问题的学问才德。这是因为，屯卦意为，组织认识到处位低下，最了解情况的一个或几个刚明知者可作为施教师长，从而组织具有施教师长。蒙卦意为，组织上下认识到畜聚学问才德为组织所必需，所急需，所有成员端正学习态度，具有了竞相学习的风气。需卦是险在前，所以组织具有普及全员教育、畜聚学识才德、提高任事能力的时间。

上述三者是普及全员教育的充分必要条件。

经全员教育，所有成员各自畜聚所需才德，具有不同任事能力。组织人才济济，就具备了合作任大事、堪大任、解决大问题，成就大功业的基础条件。或也正由于成就了功业，随之出现对贡献功劳认识评价，乃至利益分配分歧，而有了此后的讼卦以及师卦。

需卦提示的任事原则

需卦主讲等待时机，但等待不是闲处不动，更不是象辞中饮食宴乐的直接意义。需卦对个人而言，是提高个人的品德才能；对组织而言，是全员教育，按特长和岗位需要进行培训，使组织能畜聚不同学识才德之人，以提高任事能力。《易》最高原则是行以时之宜，即蒙卦《彖传》“以亨行时中”，当行则行，当止则止。需是应该进行、有能力进行而且有时间进行自我教育或者全员教育，为日后的亨通做才德准备。才德准备好了，问题解决了，才能得以亨通。所以需卦是“以亨行时中”的典型实例。由此，需卦中的“饮食”主要指自我教育、全员教育，增长见识，提高才德。才德提高，此前不得解决的问题得以解决，自是愉悦，整个组织就“宴乐”了。因此在前方有风险，不易冒进时的最佳措施、上上之策就是有针对性的全员教育或者自我教育。

需下卦乾，象征任事主体内在刚健，不会永远陷于危难，不会永远停滞不前。面对险难，人生无非三状态，一是战胜险难，胜利前进，成就功业；二是等待不前，不会陷于险难，亦无功业；三是冒进前进，陷于险难，乃至败亡。人生做何选择，主要是基于见识才德的判断。在需卦中，任事主体并非消极等待，而是基于对情势和自身才能的准确判断，是为了日后的大业而进行的等待，所以，需卦的任事主体是刚健有为，以退为进。由此，刚健之人，也不是一味进取，一定要能依情势有进有退。

人生境遇，最终只决定于才德。才德既包含学识，也包含把学识用于实践。但前提是具有学识，而且这学识是真才实学，不是仅仅陷于空谈的学识，如三国失街亭的马谡。同一情况，才德能济，是成就功业的机缘；个人的才德能见识到前面有险难，而且又明白自我才德不能涉越险难，此时选择等待而不冒进，对个体来说既没有损失，也没有功业。但如果个体才德不能见识到险难，或者虽然能见识到险难，但对个人才德进行了误判，不能准确判断自我才德能否涉越险难。或者对自身能力进行了高估，把本来能力不够不能涉越险难的情况判断为可以涉越险难，贸然前进，这会给个体带来风险；或者对自身能力进行了低估，认为自己不能解决问题，选择退守，这会让个体错失机会。由此可以看出，人生结果如何，只决定于自我才德见识。所以人生无他，只有不断修习见识才德，并将其用于实践。

象辞以“饮食宴乐”表明需卦时任事主体最该做的事情，“饮食”喻聚畜学识，增益才德。“宴乐”比喻用才德以时中，获得成功之愉悦。这或许正中需待之大义，根本。需待，一定是“以亨行时中”，这才符合《易》的根本原则，才是《易》。能掌握“以亨行时中”，也即任事主体因时而宜，因地而异，因势而异，因人而异，总能行事准确，这才是把握了中华民族文化的根本核心，领略到了真正的大智慧，也即明白了什么是“中庸”。

象辞以“饮食宴乐”为需待之当为，只能把“饮食宴乐”理解成普及教育，积累学识，提高才德。这由需内卦乾，内怀天道之大德即可见。由于任事主体内怀天道，理解到前方有危险而需要等待。内怀天道之大德，因为前面有险难需要等待，由此，任事主体自然明白这需待既是适时，又是无奈，由才德不济而无奈。因此饮食只能是全员普及教育或者自我提高才德，而不是表面意义上所指的“饮食宴乐”。由普及教育，提高才德，从而获得成功而愉悦宴乐，这符合情理自然。

附：“须”和“需”的差异

“须”字语意偏重必须，着重事理上情理上的必要，或者强调一定要。以“须”组成“必须”，后面常常连接动词或动性较强的词语。

“需”字则偏重需求之意。以“需”组成“必需”，后面连接的多是名词类词语，甚至它本身可做词。需：主要是指需要，比如说本我的需求，即我想要的或彼想要的。需一般搭配物。而需虽然也有应当的意思，不过其中包含了因为有需要有需求才应当，就是由于缺少了些必要的东西所以才应当。

须：主要是指必须，是有一种意志的强求在内里，即我必须干什么，就是说我要干什么，强调的是责任。“需”字一般指精神，内心。须主要侧重在应当上，而没有包含为什么应当。

讼

䷅

坎下乾上

序卦：饮食必有讼，故受之以讼

人都需饮食，既有需求，就会产生争执诉讼。因此讼卦排在需卦后。

讼卦象，乾上坎下。乾，天阳上行；坎，水性就下，行相违，象征成讼。

《易》以“乾上坎下”为讼，有意义。象征凡有争讼，必存在有违法律制度的情况。

讼上下二体象征内有险，外行欲健。刚健一般无险，有险就难以刚健，这是因果律。卦象有违因果律，所以成讼。

内卦险，象征险在内部，说明争讼各方有一体关系。

序卦“饮食必有讼”，以饮食象征需求，以一喻全。需卦义前方遇险，不能前进。需准备涉险条件才能涉越，后面才能进行。在需卦中，以一喻全，以饮食替代涉险所需条件。虽然不甚合于逻辑，但读者也不必纠结于此。

“饮食必有讼”，很多人事的冲突起源于争夺。而争夺的产生，是因为人们有各种各样的需求需要满足，需求的满足往往伴随着竞争。人们争位，争禄，争财，争名，由此产生了诉讼。因此，饮食以一喻全，代表着人们的各种需求。讼，纷争各方自己不得解决，提交权威机构裁决。

卦辞：讼，有孚，窒惕。中吉，终凶。利见大人。不利涉大川。

彖曰：讼上刚下险，险而健，讼。讼，有孚，窒惕，中吉，刚来而得中也。终凶，讼不可成也。利见大人，尚中正也。不利涉大川，入于渊也。

讼，上刚下险，险而健。义为在法庭上争辩是非曲直，打官司。卦象上刚下险，外健内险。象征由内部有险，导致向外不得健行。卦象"内坎险",象征争讼各方本有合作关系，为内。在讼卦中，如果内部无险不会去诉讼，不想健行向外发展，也不会去讼。外健内险，必然讼。这合逻辑，不需要多解释。

启示

当任事主体需要进取，但智慧不足以协调内部矛盾时，容易产生诉讼。

讼，有孚，窒惕。

孚，实信，实在根据。有孚，自信有实在根据。窒，义"塞，不通"，指目的希望不能实现。惕，由恐惧而警惕。这恐惧指"自信的实在根据不被承认、曲解，不被采纳等，不能达到目的。"

启示

即使诉讼时有充分证据，也可能不被采纳，陷入迷惘、彷徨和恐惧之中。所以诉讼并非易事。

中吉，刚来而得中也。

释卦辞中吉，内涵是“刚来而得中”。中吉：中，打中，诉讼理由正中所要达到的目的。一是理由属实，二是依据理由，其要求的目的合乎法律规定。这样能胜诉，能达到目的，吉，“吉利”。

刚来而得中也：这是《彖传》对卦辞“中吉”的解释。刚来，九二阳刚自外来，又处中。原本无讼，外部来一刚爻到内部，内由坤顺成坎险。所以成坎险，不是“我”自身的原因，是“外来”的，是我所诉讼的对方带来的，造成的。“得中”确实准确是由对方带来的诉讼原因。

启示

诉讼要成功，一定要事由充分，事实清楚，合乎正义。

终凶，讼不可成也。

终极其讼，难能达到目的。同一问题，站在不同角度，有不同看法。何况各方掌握根据不同，对事实根据和法律理解也有差异。因此除非掌握裁决有误的真凭实据，通常以服从法律裁决为是，不宜终极讼事。极意讼事，多由个人片面认识，难能胜诉。

启示

诉讼中由于角度不同，诉讼双方对诉讼往往有不同看法。所以诉讼应该适可而止，避免反复诉讼。

利见大人，尚中正也。

法庭崇尚裁决中正，一是所依据事实全面准确，二是裁决准确合乎法律规定。做到以上两条，法官堪称法庭所利见之大人。

上述两条，既是对法官的要求，警示，法官必须恪守中正原则，否则不堪担当法官之任。同时也是对不满裁决方所做的两方面提示，一是若合乎上述两条，即使自己不满意，亦不应该终极其讼。若执意终极其讼，其结果当是“终凶，讼不可成”。二是若有违上述两条的根据，可以且应当继续上诉。

启示

刚明公正的法官对诉讼的成功起着非常重要的作用。如果法官刚明，则诉讼可以寻求公正；如果法官昏庸，则诉讼可能徒劳无功。

不利涉大川，入于渊也。

凡有争讼，首当自身处于安平之地，不能心存侥幸，否则很可能自身陷入深渊。这或许在提示九二，其虽处中，但以刚处柔，不正。象征内陷于险，又自身不正。也象征诉讼案件可能存在问题，但当事人心存侥幸。这种心态，可能使自身陷入深渊。在关乎大事的法律问题上，绝对不能心存侥幸。

启示

诉讼并非好事，不仅消耗当事人时间，也可能给当事人带来危险，所以不要轻言诉讼。

象曰：天与水违行，讼。君子以作事谋始。

天与水违行，讼：天上行，水下流，相违而行。象征所有争讼必有违背天理行为。如果人们所为都合天道，必然和谐，怎么会出现诉讼呢？

君子以作事谋始：争讼并非好事，更非易事，应该尽量避免。因此任事主体从做事开始，就以天理为准则，订立制度。制度越全面，细致，周密，越少有争讼发生。有些争讼起于当事人品德，有意为之。有些并非起于当事人品德，由认识差异。如果能自开始就以法律为准则，订立制度，不仅具有约束力，更有教育警示意义。

启示

君子做事慎始则善终。君子在做事之初，就要尽量行事周到，订立制度，避免诉讼。

讼卦提示的任事原则

自觉要求自己所行都以天理天道为准则，不能心存侥幸。

现实生活中，各种利益纠缠，各种名利争夺，各种认识偏差，相关各方很容易发生冲突，也就很容易引起诉讼。诉讼绝非好事，也很不容易，更可能给自己带来灾难。所以人们在日常生活中，要自觉要求自己所行都以天理天道为准则，处事公道，行为公允。一旦人们不以天理天道为准则，伤害到其他人的利益，就会带来他人的反击。所以人们一定要谨慎，不能心存侥幸。

凡诉诸法律，必须有切实准确事实根据。

凡诉诸法律，一定是确实存在不公正待遇的情况。如果自己没有遭受不公，却要诉诸法律，这是诬妄，有违天道，最终会给自己带来灾难。同时，凡诉诸法律，必须有切实准确的事实依据，才有取胜的可能。法律最讲究事实和证据，事实清晰、证据确凿，是取得诉讼的关键。

与人合作，先以有关法律为准则订立合约，执行中适时监督。

与人合作，在合作之初，就要尽量争取良性、互惠互利的合作，避免合作破裂、关系破裂。由此，在合作之初，就要以天理天道为准则订立合约，制订制度。制度越合理，越周密，越能避免可能的利益冲突，就越少有讼诉发生。同时，在制度执行过程中要适时监督，并根据执行情况及时调整。以合天道的制度来对合作各方进行约束，是减少诉讼的最佳办法。

凡有争讼，首先把握内部是否有违反法律制度行为。

一旦诉讼发生，首先可以对自身、对自己的组织内部进行检讨,看其内部是否有违反法律制度的行为。如果内部能调整，并与相关方进行沟通，终止讼诉，不失为一种明智之选。在诉讼案中，国外很多大公司都会选择庭外和解，而不诉诸法律。这也是一种低成本的解决问题的方式。

单方面掌握根据，以及对法律理解未必全面准确，故终极讼事需慎重，适可而止为宜。

诉讼有时是公说公有理，婆说婆有理的过程。每一诉讼方在诉讼过程中很可能陷入自我正确和自我中心陷阱，其单方面掌握的根据和对法律的理解未必全面准确，因此终极讼事需要慎重，适可而止为宜。同时，诉讼主要是依靠法律来保障自己的权益，如果在诉讼的某个阶段已经获得了胜利，就适可而止，不反复进行诉讼，获得个人认为的最多利益。反复诉讼，即使打赢官司，赢得利益，也会与人结怨，得不偿失。

虽不能随意选择主审法官，却当留心其是否能公正准确裁决。

在诉讼中，法官所起的作用至关重要。同样的事实和依据，不同法官有不同的价值观和判断标准。同时，不同法官也有个人不同的利益诉求和动机。在诉讼中，需要非常留心法官，看其是否能公正准确裁决。如果法官偏袒，有失公允，诉讼就要非常谨慎。如果法官贪腐堕落，明目张胆地徇私枉法，诉讼就会变得非常危险，不要启动或者及时中止。在不公正那里寻求公正，基本是徒劳无功。

师

坎下坤上

序卦：讼必由众起，故受之以师

师，出师，出师的缘由是因为有争执，因此师卦列在讼卦后面。师的卦象为坤上坎下，上下二体，地中有水，象征聚众。

上下卦象，内险外顺，象征险道以顺行，虽有险，但要顺，顺天道而行。顺天道而行，所行就符合师战规律。

以六爻言，一阳为众阴之主，象征统帅众人。

比卦是一阳为众阴主，在上，君王之象。师卦一阳为众阴主，但处下之中，将帅之象。

> 启示
>
> 战争是险事，战争一定要符合正义原则，符合战争规律。

卦辞：师，贞，丈人吉，无咎

彖曰：师，众也；贞，正也。能以众正，可以王矣。刚中而应，行险而顺。以此毒天下而民从之，吉。又何咎矣。

师，众也：行师作战，涉及千军万马、兵器给养等各个方面。所以行师作战，是众人之事，非少数人能进行。

> 启示
> 战争涉及面广，发动战争一定要非常谨慎。

贞，正也："贞"义"正"，一是有正当理由，二是指挥合乎师战规律。

> 启示
> 战争一定要有正当理由。战争兴师动众，全社会力量参与，没有正当理由，必然毒害天下。

能以众正，可以王矣：所有理由、措施得到众人发自内心的信服，情愿服从执行，为正。措施能使众人都自愿服从，众望所归，众心归正，称王天下者也不过如此，何况战争。

> 启示
> 如果一个人能够使众人都行正事，必会得到众人的信服，这人就可以称王天下了。

刚中而应，行险而顺：九二在师卦中象征将帅。九二以刚处险之中，以刚中处险。"刚中而应"中"刚"，九二是基于对敌我双方情况把握，军力布局制定作战方案、解决战事问题，因而坚决、准确执行方案，不犹豫。"中"，作战方案既能解决战事问题，又尽最大可能避免伤及民利，顺战事，合民意。"而应"，尽可能向最高领导通报情况，得到理解支持。

行险而顺：能如上述，一是清楚敌我实力，对方军事布局；二是我方战事方案既能解决战事问题，又尽最大可能避免伤及民利；三是尽最大可能与最高领导沟通，得到最高领导的理解、信任、支持。如果能做到上述三点，即使代价很大，危险度极高，最难测度的行师作战之事，也大多能取得成功，达到目的。

启示

战争危险，要使战争成功，就需要知己知彼，制定合理方法，同时要尽量避免劳民伤财，还需要与最高领导做好沟通。

以此毒天下而民从之，吉。又何咎矣。按上述原则行事，即使不可避免有毒害天下的征战，人民也会追随、服从、欢迎。如此必能获胜，大吉大利，会有何咎过呢？不会有。

象曰：地中有水，师。君子以容民畜众

师卦上坤下坎，坎象众，卦象聚众，以方便进行师战。因战争损耗很大，所以君子需要在其领地容保其民，畜聚其众，以备战争不时之需。

启示

师战难以避免，故需平日做好准备。征战残酷严峻，尤其会牺牲宝贵的生命，必需全民舍命参与。为应对难以预测的战争，就需要在平时顺从满足民众意愿，与民生息，保养民众，才能在战时有足够的资源和兵众。

主要爻的提示意义

1. 初六，师出以律，否臧凶

爻辞“师出以律”的“律”有二义，一是法律，二是规律。“师出以律”，行师作战要有法律依据，被征战对象违背了法律或协议规定的被征讨条款。二指作战指挥符合作战规律。

否臧凶：“师出以律”的反向论述。“否”义为“不”，“臧”义为“善”“好”。否臧，不善，不好；一指行师作战没有法律依据为不善，即“否臧”，故“凶”。即使兵力悬殊，没有法律依据，获得胜利，也并非好事，至少会遭到舆论谴责。二指战事布局指挥符合作战规律。违背战事规律，也会失败。

象曰：师出以律，失律凶也。

失律凶也，就是上述的“否臧凶”，再强调没有法律依据行师，或违背作战规律，都会失败。

> 启示
> 战争要具有正义性，同时符合作战规律。

2. 九二，在师中吉，无咎，王三锡命

象曰：在师中吉，承天宠也。王三锡命，怀万邦也。

在师中吉：非刚健不堪行师作战之任，师卦仅九二一阳，又处下卦之中，象凡事行以正中情况，堪任师战之任，为师之主。“在师中吉”之义。特指“在师中吉”，指九二不得凡事专制，一定要处中、处正，其他不可。

承天宠也：六以柔处天位，与九二正应，象九二主持师战

深得六五宠信。九二主师战，承天宠。

王三锡命，怀万邦也：锡，即“赐”。将帅主要负责师战，能成安天下之功，故王再三赏赐恩德。凡事至于三已是极致。六五所以厚礼宠信，主要在于激励九二尽心竭力，如果礼仪不到，不与其承担的重任匹配，会带来下属的不信任，不利于师事。只有九二尽心竭力，得到下属信服，才能取得战事胜利，万邦归附，帮助王实现“怀万邦”的最终目的。

启示

战争一方的最高统治者对将帅之才的尊重、礼遇是战争胜利的重要保障。

3. 六五，田有禽，利执言，无咎。长子帅师，弟子舆尸，贞凶

五君位，主要预示兴师作战君主。由此，六五爻辞主要讲言战争之道和任将原则。

田有禽，利执言，无咎：战争之道。

田有禽：六五柔顺而中，象征不轻易用兵行师之君。其出征是因为“田有禽”，对方违反协议，无端侵入六五辖区。犹如其耕田进入禽兽，破坏六五种植的作物。

利执言，无咎：首当明确对方罪责，声扬自己正义，对我鼓舞士气，对敌涣散军心，自是没有任何过咎，理应如此。

长子帅师，弟子舆尸，贞凶：这是讲任将之道。

长子帅师：长子，并非最年长之子，指最适合任主帅之人。九二在下，刚健中正，与五正应，堪任师战之主。弟子，不堪师战之任者。卦中或指六三六四。不必过多纠结于具体所指。舆尸：尸体满车。义为委任将帅至关重要，决定战争胜负。任帅不当，必然失败，结局是一车车满载尸体。贞凶：即使正义之战，依然失败。战事开始，要在实力。是否处于正义，具有鼓舞士气的意义。能鼓舞士气，则提高实力。但除了鼓舞士气外，主帅的能力才智也非常重要。如果任帅不当，也会导致失败。

象曰：长子帅师，以中行也。弟子舆尸，使不当也。

长子帅师，以中行也：爻辞"长子帅师"是说，任帅选将都要以正中帅将标准为原则，不能以其他代替标准。

弟子舆尸，使不当也：爻辞"弟子舆尸"，强调行师用兵是大事，任人不当会造成极其严重后果。

> **启示**
>
> 战争要基于正义原则，最好不主动发动战争。战争一定要选对帅才。帅才选择不当，后果极其严重。

师卦的提示意义

第一，师卦以师战为例，所提示原则适合所有相互纷争关系。

诸如序卦："讼必由众起，故受之以师"，即所有激烈到以师战解决状态，都起源于争讼，当今的国际贸易战是典型事例。无不起于至少有一方违背相关规定，所谓权威组织调节裁决不得贯彻实施，失去其权威性。其实并非仅只国际贸易，所有争斗都起于此。

第二，不到万不得已，不发生师战。

师战无谓耗尽诸多资源，尤以生命为最，故当尽力避免。历史上每次战争都鲜血淋淋，虽然战争过后有的国家迅速发展，有人获得功名利禄乃至无上权力，但征战过程中付出成本、承担代价最多的是普通民众。因此古语有“一将功成万骨枯”的说法，也有“兴，百姓苦；亡，百姓苦”的说法。所以，能用和平方式解决就绝不选择暴力，不到万不得已，绝不轻易发动战争，战争是不得已而为之的最后一个选项。

由于师战起于争讼以及利益相关方的意见分歧。相对师战，通过法律、调节解决问题的成本很小，甚至微乎其微。所以如果利益相关方有矛盾，有分歧，要尽力通过法律、仲裁、会谈等争讼方式解决，使其不发展为战争。

第三，进行师战原则是“田有禽”，不要主动发动战争。

进行师战原则是“田有禽”，也即对方侵害了我的权益，不能接受或权威组织裁决不起作用，或裁决屈从于强权，违反相关规定，不公正。因此，作为利益主体，不要去侵犯别人利益。迫不得已要开始战争之前，要公开声扬自己的理由，明确广泛告知。集聚自我士气，瓦解对方士气，得到有关的方同情支持。

第四，师战基础条件是平时“容民畜众”，时时防患于未然。

对于利益主体来说，要自始至终都要有所准备，累积对抗实力。国不知有民，民亦不知有国。国家在战时需要民众出钱、出力，甚至献出生命；没有战事时，就必须关心民众，了解民众的关切、需求，尽量满足民众的合理诉求；就必须帮助民众，让民众的能力和水平能够提高。国家也要让民众参与国家事务的管理，增强民众对国家的归属感，同时也提高国家满足民众需求的能力。

在某种意义上，任何问题，所能成就的功业，都与实力相堪配。战略策略是必须的，只是任何战略策略有效的基础是实力。

第五，在上述基础上，以六五爻辞所提示“田有禽，利执言”和“长子帅师，弟子舆尸，贞凶”原则选帅任将，以获得可能的最好结果。

千军易得一将难求，战争要选拔具有刚正中直素养，对战争规律深刻理解，同时最好有指挥经验者，亲临战场指挥将帅。将帅要及时与最高领导保持联系，不亲临战场的最高领导，要给将帅充分的尊重，不宜过多干预具体战事，应当顺从现场指挥。

比

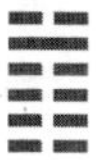

坤下坎上

序卦：众必有所比，故受之以比

比为亲近辅助。人作为同类，大体近同，但无可争辩的是，不同个体需求多样性和特长局限性，决定了人们为了追求更好，必须相互辅助。辅助需亲近。最普通的事例是正常人都希望结成夫妻，生儿育女，由家庭扩展为家族、国家……，所有这些无不是互辅，互补，互助。

由此，《易》于师卦后设比卦。师战结束，胜利方主导，为和谐共处、分工互补组合，结成亲比关系。

比卦上坎下坤，象征水在地上。物之密近，莫如水在地上，故《易》以“水在地上”为“比”，表示普遍密近亲比之义。比卦唯九五一阳，居上体中正之尊，上下五阴比而相从，象征一人统万邦，四海仰一人。众人相互亲辅成就一人之功。

启示

人类共存于一个社会，必然要与他人亲近，与他人进行合作。这是人类的必然，也是人类的无奈。

卦辞：比吉。原筮，元永贞，无咎。不宁方来。后夫凶。

彖曰：比，吉也。比，辅也，下顺从也。原筮，元永贞，无咎，以刚中也。不宁方来，上下应也。后夫凶，其道穷也。

比吉也。比辅也，下顺从也：释卦辞“比吉”。

比吉也：亲比各方通过相互协力“亲比”，成就功业，称吉利。

比辅也，下顺从也：与上句“比吉也”所涉对象稍有不同。上句“比吉也”，指亲比各方；这里“比辅也，下顺从也”，所顺从是卦中“九五”。来“比辅”“下顺从”者指五阴爻。也即民众亲比领导者。

> 启示
>
> 人们能够合作，就能更好成就功业；领导者有追随者比附，就能更利于成就功业。这是吉利之事。

原筮，元永贞，无咎，以刚中也：释卦辞“元永贞，无咎”。

原筮。筮推究因果关系方法。原筮，事情开始就以因果律关系推究可能结果。再以希望结果，反推所需条件验证。为达到所希望结果，逐步创造所需条件。条件获得之日，就是目的达到之时。

原筮：原筮，原，开始，本原。筮，以合天理为原则，沿着因果逻辑，推敲可能结果。指来亲比者推敲被亲比者，是否值得亲比。比卦仅九五一阳而居尊。众阴都来亲比，使为之主。

元永贞，无咎。

元永贞，总能以正道解决所遇问题，开创新局面，也即总能以适应所处环境情况,又不伤及无辜的措施解决所遇问题,开创新局面。

无咎:九五有“元，永，贞”三德，值得亲比，没有失当，亲比九五不会产生悔疚。

以刚中也。九五之所以能“元永贞”,是因为九五以刚处中,总能准确以合乎环境需要的措施处理问题，而有“元永贞”结果。与之亲比必然无咎。

启示

众人要选择领导者追随，追随之初就要仔细考察领导者，看其是否以天理为原则行事，是否具有元永贞三德。只有追随了具有天德的领导者，追随者才不会后悔。

不宁方来,上下应也:释卦辞“不宁方来”。卦辞“不宁方来”指上下五阴，凡有不得安宁，可来亲比九五，得阴阳协力之上下相应。

启示

当人们感觉自己不安宁，行事不周到，就可亲近智慧更高的人，寻求这些人的帮助，获得安宁。

后夫凶，其道穷也：释卦辞“后夫凶”。后来应者，或者由于无路可走而亲比，或者是因为其他人都来亲比，认为比能得利来亲比。由此后来亲比者并非见识到九五具有刚中正之才来亲比，而是为了追求利益来亲比。足见这些人的价值标准不以是非，只以利害。如此，即使刚猛之夫亦凶。所以“凶”,

或者是因其缺乏远见，不堪重任，或者是因为无位置安排。

由“上六”，爻辞“比之无首，凶”，“后夫”似乎指上六。上六以阴居上，自恃为夫，以致无所出入。

> 启示
>
> 如果要亲比刚明的领导者，要能善于发现刚明的领导者，同时要抓住时机尽早亲比。

象曰：地上有水，比。先王以建万国亲诸侯

地上有水，比：物相比无间，水在地上为最。由此易以水在地上象征亲比。

先王以建万国亲诸侯：开国先王效法水在地上建立万国，以水在地上亲密无间亲密诸侯。意在启发诸侯，也效法水在地上之亲密，亲比国民，如此可将先王亲比国民之意传递至万民。

> 启示
>
> 先王通过诸侯将亲比国民之意传递至万民，组织最高领导者也要通过中层领导落实领导意图。

重要的几爻

为易于理解，表达方便，六爻按内容主次和相关爻关系顺序阐述，不按自内而外顺序阐述。

九五，显比，王用三驱，失前禽。邑人不诫。吉。

象曰：显比之吉，位正中也。舍逆取顺，前禽也。邑人不诫，

上使中也。

显比之吉，位正中也：释爻辞“显比”。九五以刚中正之贤，居君位，象征任何情况都能制定准确解决措施，合理分配资源，顺利解决问题。已经过多次实践验证，九五从无失当。显然九五值得亲比，太明显了。

> **启示**
>
> 下属一定要谨慎选择要跟随的领导者。下属只有选择中正刚明的领导者，才更可能事业顺利、人生吉祥。

舍逆取顺，前禽也：释爻辞“王用三驱，失前禽”。古时天子打猎，围合三面，敞开一面，凡从此逃离，都不追赶，任其自去，这就是“失前禽”的意思。寓意王者不尽猎生物，只捕获不知逃命者，彰显王者好生之仁于天下，凡有来比的，量才任用。满意留用，热情接待，信实任用。凡欲离去的，温和恭谨，和悦抚慰。所有这些，都是明确惯例。按这种方式行事，自然来归者络绎不绝，人才济济，政令畅达，政风清明，民风和畅，经济发展，社会繁荣，国力壮大，民众和乐舒畅，而莫知为之者。这是以田之三驱，显比王道大义。

> **启示**
>
> 领导者要吸引人才加盟自己的事业，靠的是智慧、仁义，靠能为追随者提供发展的平台。如果追求者不愿意跟随，也绝不强留。按这种方式，追随者必然络绎不绝，领导者一定能够成就大业。

邑人不诫，上使中也：邑人，国人。不诫，无用告诫。九五在上，以中正治天下，所谓“皇极大中至正”之道，尽人皆知。天下凡民，耳所听，目所见，显比所及，天下尽人皆知，何须告诫私邑。九五以无心与比，正中天下万事。所居所用自然致中，自在其中。以皇极之道理天下，不以于小失害大得，纵释前禽，任其所之，更得所比，其道光大显极。

启示

领导者以中正大道治理天下，至公无私，没有亲疏远近差别，只有这样，才能吸引第一流的人才协力领导者完成大业。

六二，比之自内，贞吉。

象曰：比之自内，不自失也。

比之自内：“自内”，六二所以与九五正应、亲比，基于二者自身之内所具有才德。六二以柔中正之贤，处柔中正之位。正应刚中正九五。象其才德能准确理解九五的思想要求，具有完成九五要求的技能，能按九五要求准确实际完成。由此九五六二从不分离，堪称一体，互从相属于内部，“比之自内”之义。互相依附，共同完成，永不分离，从无失当。

启示

合作关系最重要的是为对方提供价值。跟随者能够获得领导者信任，与领导者协力互助，最主要的还是其具有领导者需要的才能。

贞吉：九五六二亲比，总是准确针对所处情况需要，九五制定方案，六二执行方案，实际完成，准确解决所处情况需解决的问题，“贞”且“吉”。

启示

领导者有众多跟随者跟随，领导者与跟随者能互相信任、有效合作，这样事业发展才会顺利。

象曰：比之自内，不自失也。

六二九五中正相应，为“比之自内”，内部没有任何失去，唯有得益。九五不失刚中正之尊，六二不失柔中正之贤。九五见识适时，六二准确理解执行完成，二者都不失发挥才德的机遇。总体不失成就功业时机。

启示

跟随者有才能，而且能与领导者紧密合作，跟随者才能获得更大的发展。如果跟随者有才能，但不能与领导者有良好合作，跟随者恐怕会失去建功立业的时机。

“比之自内，不自失也”，具有极其广泛、深远寓意。

第一，所有人都应当且可能时时处处“比之自内”，唯此才能“不自失”。“比之自内”，以所处情况，适时修习必需的学问才德。唯此才能“不自失”自己的有限生命，使有限生命适时成就功业，具有更深远广泛持久意义。人不能自我决定能否处于“九五之尊”，但人人都有成为六二之贤的“自由”。能否成为“六二之贤”，即具有环境所需才德，几乎完全决定于自己。由此，人切勿左顾右盼，只需“比之自内”，以环境需要，修习学问才德而已。适时修习学问才德是任何人都当有，亦能具有的自觉“亲比”。所遵循原则亦是“比之自内”，只是“比之自内”，一根据环境情况所需，二根据所处环境缺乏的实际，修习具有环境所必需，自然成为六二之贤。同时环境就是自我“新的生机”，自我创造的时机。这过程中六二之贤自我创造而具有着自己的自由。

第二，时机是所有人的客观，人没有“自由”，不能自我选择。但具有相应才德确是任何人天生所能“具有”。由具有才德，而具有选择职业的自由，理由，从而“自己成为自己行为的理由”和“根据”。即只要自己情愿，并自觉寻觅探索，顺应需要修习而具有才德，以才德用于时机，成就功业的同时，也在改变优化时机，时机向有利于自我方向发展。自我基于不能选择的时机，创造了我所选择的时机。所谓“客观”的时机为我所用，成了“我的”时机。顺应时机修习才德，增益内蕴，意义至大，无可比拟，永不能放弃。如此才或为六二柔中，“比之自内，不自失也”之大义。由学问才德出乎其类拔乎其萃，名闻遐迩，才有如“汤币之三往，伊尹之翻然；草庐之三顾，武侯以驱驰”……所有这些,都是“比之自内”所蕴含之真谛。

六四，外比之，贞吉。

象曰：外比于贤，以从上也。

四与初虽分别处于上下卦下位，但同为阴爻，才德近同，都是执行完成，不相互补，故四与初不相应遇，而外比九五。

四以柔处正，象行顺于贞，自然外比九五刚中正贤君。爻辞“外比之，贞吉”，指能准确理解九五意图，并实际完成。象辞“外比于贤，以从上也”，亦此义。

启示

合作一定要互补，有决策力的人与有执行力的人互补。

初六，有孚，比之无咎，有孚盈缶。终来有它，吉。

象曰：比之初六，有它吉也。

有孚，比之无咎，有孚盈缶：有孚，义“信实”，比卦“有孚”，主指具有相互协力，成就功业的实际能力。能协力成就功业，才没有咎过。易中有孚、诚信，自然包括没有谎言。无谎言是起码的人格内涵。而“有孚”乃至中国文化所有内涵“诚信”之词，都是“中庸”中明确强调的能实际完成兑现，即马克思说的做成实际“对象物”。无谎言是以自心为标准，中国文化的“诚信”是以能否实际实现为标准。比之无咎：基于内在才德的相互协力，能共同成就功业之亲比，才没有咎过。有孚盈缶：盈，有足够能力。缶，无任何修饰，都是事实。“有孚”，实际能力足以胜任并实际完成。“有孚盈缶”是“比之无咎”的前提，基础。只有才德“盈缶”，才能任事“有孚”，实际实现“比”而“无咎”。

启示

跟随者一定要诚信，不作假，要有能力，做成事情。

终来有它，吉：关键是如何理解“它”字。多数释“它”指初六。似欠妥当。比卦主在强调唯有阴阳协力，才能成就分立不能圆满完成的功业。故“它”字当指阴阳协力所获结果，会远好于各自分立。更包括分立不可能完成的任务，唯通过协力才能完成。如此理解，既符合事实，又合卦义。

比卦九五一阳刚，中正居尊。象征统领万民君王。万民需要君王统领，国家才能富强。君王只有得到万民拥戴支持，才能统领国家富强，自身安全。初六，像普通民众，深知国家强盛，既是自身基本需求，也是根本利益。无论国家分裂，还是外强侵入，普通民众都会丧失基本生存保障，更无从谈起尊严、权力。为避免纷争动乱，只有国家统一，这既是几千年历史造就的核心价值，也是事实。初六象个人自身能力单薄，心甘情愿尽其全力的民众，“有孚盈缶”所指。九五象统治者，其所必需正是成千上万初六民众。初六有“有孚盈缶”的自觉，自然获得“比之无咎，终来有它，吉”的结果。这是极其明确的因果逻辑。亦是“有孚盈缶”所指。

启示

如果一个国家，领导者刚明中正，无数势单力薄的民众心甘情愿倾尽全力为国效力，这个国家一定会国运昌盛、吉祥。

象曰：比之初六，有它吉也。

上已明确清楚，无需再释。

上六，比之无首，凶。

象曰：比之无首，无所终也。

比卦之“比”，义为“跟从，依附，参照”。“跟从，依附，参照”需先有所“跟从、参照”的“标准”。即上六爻辞“首”所指之义。或许这参照标准更准确就是《中庸》所指“天命之性”。比卦中，或唯有九五才算近于这“标准”，而受众人拥戴，自愿前来亲比。

处于必须相互协力之“比”时，上六以阴柔之体，跃居最上，象征上六不仅从未想过众所亲比对象有其天命标准。而是恰相反，其妄自跃居最上位本身，就已自封为自己就是所有存在来必须亲比之首。在上六这里，亲比之首无外在天命标准，自己本身天生就是其他存在亲比“之首”。以阴柔之体，自认为自身天生就是最高的天命标准，所有生命都应当且必然自动来亲比自己。这思想和行为狂妄无知到令人匪夷所思，上六为狂妄无知到令人匪夷所思之人。爻辞象辞“比之无首”所指之义。

爻辞“凶”和象辞“无所终”，都是上六自以为首的必然结果。

启示

作为一个组织、一个国家的最高统治者，应该是最有智慧，最能中正行事的。如果有人没有这样的品德，却想占有最高统治地位，这样的人狂妄无知，不会有好结果。

六三，比之匪人。

象曰：比之匪人，不亦伤乎。

六三处位比较复杂，需要分别解析。

六爻，初二象地位，三四象人位，五上象天位。三与上相应。但同性无互补助益。上位又象天外，非人所居。六二九五刚柔中正相应，即上述“比之自内”，至善之应。三二虽相邻接，却同性无补，象征互相竞争，不相比。结果六二必然舍弃六三，上应九五，成至善之应。六三与六四关系，近于六三与六二关系，即虽相邻接，却同性无补，象征互相竞争，不相比。结果必然六四外比九五之贤，比得其人。

六三处位象征结果：唯有与不能相互协力的上六处位对应。即使同为阴爻，“敌应”。亦只能应上六。

由上述，上六以阴柔之体，跃居天外，居刚中正九五之上，像企图都来亲比自己，行为乖张到匪夷所思。六三上六，处位有对应关系，勉强与比，象比之匪夷所思之人，由此自己也亦为匪夷所思之人。即六三爻辞象辞“比之匪人”之所指。

启示

如果下属比附的不是具有中正美德的领导者，而比附的是没有德才却窃据领导者之位的领导者，这实在是人生悲剧。

比卦的提示意义

第一，久远必须亲比。比卦主旨，凡欲久远，必需相互亲比。个人需求的多样性和特长的局限性，决定了人们必须亲比。任何一个人无论其禀赋、才智、能力、智慧多么出众，也必然存在认知上的短板和知识上的缺陷，这就需要与人合作，协力来做更重要、更复杂的事情。即使一个人的认知和能力能让其处理当下的事情，但随着事业的发展，人必然要团结他人、亲比他人以推进事业和自己的进步。此外，人的社会性要求人与他人交流、交往，这也决定了人必须亲比。自然界中，鳄鸟可以剔除鳄鱼牙缝中的残渣，使鳄鱼感到非常舒服；而鳄鸟又能够从中取到食物。犀鸟以犀牛身上的寄生虫为食，而当敌害到来的时候，犀鸟又可以为犀牛报警。它们相互合作，相互依赖，达到互惠共赢的结果。相比自然界，人具有主动选择能力，更应该合作、亲比，获得更大程度的自由、幸福和发展。但对人来说，选择亲比，一定要以因果律推究，谨慎选择所比对象，所比时机，所比方法，获得亲比的良好效果。

第二，只有具有元永贞三德，才会引来众人亲比。要获得众人的真心拥护、合作，个人必须具有元永贞三德，也即个人总能制定正确目标，并总能以正当措施成就预期结果。而要做到如此正确选择，就需要个人具有大善大能。具有大善，所提目标是为改进所有利益相关者福利，给众人带来福祉；具有大能，是有超凡智慧提出或者采纳实现最佳目标的措施。只有合作者获得更多利益，有更多改进，才会真心实意寻求合作。而与具有元永贞三德的个体合作，能达到此种合作的良好效果。由此，四海之内的人们奔走相告，名扬天下，来比者络绎不绝，未来者惶恐不宁。凡来比较晚的人，即使刚勇之“夫”亦有“凶”，何况平庸凡众。相反，如果被比的一方寡德少才，既不能提出正确方向，也没有合适的措施，更不能根据环境因时而宜，即使最开始人们对亲比的对象判断有误，随着实践展开、结果初现，具有主动性的个人一定要选择离开被比对象，被比对象甚至会众叛亲离。

第三，亲比不仅对人，亦指对知识，学问，事件等。一个人亲近什么，至关重要。他亲近的可以是人，也可以是知识、学问、事件等。在亲近之前，一定要谨慎考察，看看那些知识、学问、事件是否符合天道天理，考察其目的是否值得期待，措施是否得当，执行是否可以实现。也即看起是否“元永贞”，如果符合这些条件，则值得付出时间、精力，值得亲比。相反，如果一个人不加选择地吸收知识，不问好坏地埋头做学问，不理是非努力做事情，最后很可能误入歧途，悔之晚矣。孔乙己努力学习茴香豆的“茴”之四种写法，现代学者努力追求论文发表，即使这些论文对知识的贡献是零甚至负数，为了职称地位也乐此不疲，这些都是对宝贵生命的白白消耗，需要引发人们的高度警觉。

第四，变易之“易”。《易》自乾坤定位，屯卦匡时济世，挽救艰难时势，救助人世。蒙卦教育，需卦养育，讼卦平息纷争，师卦武力去梗。到了比卦，阴无主则乱，阳无辅则孤。阴阳亲比，吉之道。至亲比，天下统于一家，国聚于一志。师卦象征非常艰险，而其八卦坎，已为“众”义。到了比卦，坎改象“险”为“密近亲比”。至险变为至益。由此既可见初生险难必至多，也可以见《易》象征随时而异，不可拘泥。

小畜

巽上乾下

畜，既多音，又多义。作名词，读 chù，禽兽，家养动物，如“牲畜”“六畜”“畜生”。作动词，读 xù，义饲养，如“畜养”“畜牧”“畜产”。小畜卦“畜”，近于现在的聚蓄，汇聚。

从序卦和小畜卦象引发的思考

序卦：比，必有所畜也，故受之以小畜

从“小畜”卦名引发的思考。

比卦象水渗地中，水土交融，虽难分，却是两种物。用现代科学语言说，未发生化学反应，仍是多体交融集聚。“畜”义“聚”。前冠以“小”，《程传》和《本义》都解释为，由巽上乾下，巽为阴，乾为阳，阴小阳大，巽阴畜乾阳，以小畜大，能畜不能固，称为小畜。此种说法解释小畜卦象似可，但并不是普遍适用的。《易》为明道理而作，设卦应该有定规，主要在标示卦义。若程朱以上说法正确，则乾上巽下，当称“大畜”，而称“姤”。所以上述说法并不普适。

小畜卦“巽上乾下”的象征意义。

解易者多认为是巽入刚健，巽顺刚健。字面意义不错，只

是这刚健指什么？又何以必须巽顺，需理清，斟酌。或许《易》主要谈认识论，小畜下乾，象征被认识对象是天道，是客观存在、认识标准，认识不得与之有过大偏差，应当努力做到尽可能一致。犹如天道为刚健之乾，只能顺从，以此才能获得正确认识结果。卦巽上乾下，应当指认识中，认识主体绝对巽顺被认知对象，只能巽顺被认知对象。这或许为小畜“小”之所指，才是巽上乾下中小畜的意思。以极端事例说，如被认知对象既有杀人事实，又有救人事实，必须全面表达，不得因救人事实掩盖杀人事实，亦不得因杀人事实掩盖救人事实。

由此，卦名“小畜”之“小”字，当指畜聚“程度小”，认知行为应该完全巽顺被认知对象，只限于认识，再无其他。认识中，被认知对象是依据，不可偏离，这是内乾刚的象征意义。

卦以巽上乾下为小畜，或由两八卦巽为主卦，六四为主爻。“小”字出于“巽”和“六四”。《易》以阴为小，阳为大。卦以上八卦巽和六四爻为主，阴为主，称小畜。

小畜巽上乾下，巽外乾内，自外入内，且以巽顺，象征无任何强制，被认知对象总是保持其原本所是。巽顺如此，能顺利进入，准确认知。而且自外至内，以全面包围，逐步推进，避免顾此失彼之遗轶，能全面认知。

巽在乾上，又象征认知主体高屋建瓴，俯瞰全部。以广阔视野，全面巽入审视。

小畜唯六四一阴，上下五阳，以一阴柔畜五阳刚，以小畜大，以少畜多，只能牵系，不能固执。象征仅限于梳理情况，清楚明白认识。不对对象做任何改变，被认知对象是什么，认识中确保被认知成仍是它那个自己。这是小畜“小”之所指。

启示

周易重认识论，小畜的卦名和卦象都提示了我们认识的一些原则：认识事物要完全顺从事物本身的真实，认识事物要高屋建瓴，全面深入。

卦辞：小畜，亨。密云不雨，自我西郊

彖曰：小畜，柔得位而上下应之，曰小畜。健而巽，刚中而志行，乃亨。密云不雨，尚往也。自我西郊，施未行也。

小畜，柔得位而上下应之，曰小畜：小畜唯六四一阴，另五爻皆阳。六四阴爻，处阴位，为正，象征所行合所处情况。如俗语说“该干吗干吗去”，这“该”隐含以天理天道为标准的限定，行合天理天道。

中国文化以“天理天道”为最高标准，合乎“天理天道”则成功，背离“天理天道”必失败。成败与合违天理天道正相关。由此不难理解，天理即因果律，有什么条件必有相应结果。天道，以因果律而行沿循的轨迹。

以《易》开启的中国文化主要价值取向之一是阴阳和谐，即“义之和”，行以适宜环境需要，则吉祥有利，称“吉利”。人文意义是能达到预期目的，取得预期成就。“义之和”，做成任何工作都需诸多不同才能、资源，唯具有不同才能、资源的主体通力协作，各尽所长，才能得最好结果。若都是同类，只

做同一作业，必然相互竞争排斥。这或许是中华文化对人类文明的贡献之一。甚至自然界也大多是异性相吸，同性相斥的状态。道理与之雷同。

中国文化的“天”指真理从出主体。“天理”，所有存在内在蕴含并恪守的道理。“天道”，以天理运动沿循的轨迹，路径。

六四阴，性顺，处正位，象征准确顺从刚正。由此五阳自愿与之合作，为彖传“柔得位而上下应之”。

启示

任事主体要获得其他主体的合作，一定要准确认识他人的价值，尊重他人。在自己不懂的领域，听从领域专家的建议。

健而巽：小畜内乾外巽，象征内刚健外巽顺。

内刚健：内以乾象所处情况，是制定方案的依据，自是刚性存在。只能顺从，不可改变。小畜以乾卦象征，或说主要是九二象征。

外巽顺：制定方案的原则是外巽顺。“外”，制定方案的主体人及制定方案的行为，处于所针对情况之外。但其制定方案所遵循的原则，是完全巽入变化着的情况，巽入可能达到的最好结果，及当采用的措施。

启示

任事主体制定方案时，一定要以实际情况为依据；如果情况变化，制定的方案也一定要随之变化。

刚中，而志行，乃亨。

刚中：刚健而中。“刚健”，没有什么可以阻碍其行动。“中”，正中情况。《易》“中”高于“正”，只要“中”，不正亦正。此或自于射箭，正指射着箭靶，“中”指“正中”靶心，岂有不中靶之理。故九二以刚处柔不正，但由中，不正亦正。

小畜内外卦都刚中。内卦乾刚中，象集中了全部情况。外卦巽刚中，完全准确巽顺内卦乾之刚中，作用有二，一是准确荟聚乾象征的全部情况，不丢失，不增加。二是使之条理化，次序清楚，便于理解，记忆，运用。巽之义。

由上述九五、九二两刚中相继，上巽所制定方案准确巽顺变化情况，实际具有巽顺下乾象征情况的方案。

而志行：正是由上述两“刚中”相继，方案准确解决变化情况所遇问题。使适应情况变化之心志得以实行。

乃亨：上述“健而巽，刚中而志行”，即卦辞“亨”之所指，及能“亨”的原因、根据。

启示

方案能落实下来，能顺利执行，最主要的是方案符合实际情况。

密云不雨，尚往也。自我西郊，施未行也。

密云不雨：小畜上巽下乾，象征风吹天道。原动力是巽卦象征之风。巽阴卦，象征西方，原“自我西郊”，动力源自西方。已多次强调西方为阴的原因。阴小，能力不足，故“密云不雨”，虽有风吹动，但“不雨”，没有改变现状的实际结果。

“尚往也”，尚在往，尚在进行中，未结束，无实际结果。

“自我西郊”，所以无实际结果，就是因为源自阴方。

“施未行也”，“施未行”三字，是小畜卦的重点、难点和核心。也是小畜卦真实蕴意的确证。大意如下：

“施”字有“施行”义，但这里“施”字后紧随“未行”，可断定这“施”字不含“施行”义。

“施”字所涵义项很多。这里只为理解上述“施未行”，举其相关者。“施”字一是“设置”“制订”，二是“给予”。如《三国志·蜀书·诸葛亮传》“立法施度，整理戎旅。”制订文本形式的制度、法规。只是制订相关文本，“施”予人阅读，讨论，决定，继而遵照执行。即制定法规制度，结果是文本文件，提供相关人员阅读，讨论，决定，执行。是明确并强调，制订者，决策者，执行者，由不同人完成，各司其职。制定提供文件者自己不亲自施行，甚至不做决定，只制定文件文本，提供给有关人等，或讨论决策，或实际执行。这“施”字是“制定”并“给予”——“提供”，由有关人实际执行，制定者不实际执行。

启示

“施未行”极其明确强调，“小畜卦”只负责制定文本文件，提供、给予有关实际执行者执行。

象曰：风行天上，小畜。君子以懿文德。

风行天上：小畜像风吹天理天道，对“天理天道”所有构成部分一致对待，其各自止于何处，决定于其自身作用，分量，形体，历经路径等……。结果都处于自身决定的当处位置。其应发挥什么作用,风就把它吹到发挥该作用的位置。以“风吹”象征一致对待，作为吹动主体的风对被吹客体，没有任何亲疏差别。被吹天道各部分止于何处，只决定于其本身。

小畜：风吹它们所之，也只以它们自己当处，安放在文本上。并不实际执行，更不对其内涵做任何改变。小畜“小”之所指。

君子以懿文德：懿，动词，义为“使不间断美好”，这里“懿”义为不懈努力,做到尽可能与其“本是”完全一致的正确。“懿文德”，不懈提高、深化认识，尽最大努力使被认识对象接近其实际自在。

“文”，人对对象的理解表述：“文”最早出现于《周易·系辞下》:“物相杂，故曰文”。即“文”是“物相杂”，多物杂处，多主体交互，非单一存在。《说文解字》:“错画也，象交文。”亦可见“文”是交错结构“图像”，多个物之“象”交叉。汉字有六种造字方法，分别为“象形、指事、形声、会意、转注、假借”，称“六书”。其中“象形、指事、会意、形声”是“造字法”。“转注、假借”是“用字法”。

“文”字结构,一点一横下一乂,“乂”即上述《周易·系辞下》之“错画”“象交”。其中“一点一横”为人头和肩膀，在人头和肩膀之下是心。故“乂”即心中构思的“错画”“象交”，人对所关注对象认识结果构成结构的“图画”。故“文”是人在自己心中构思的所关注对象交错结构图像。即人所认为的对象是什么，人对对象的认识，理解，表达。

当人心中构思出所关注对象结构之“文”后，对外表达解释时，方式可以是语言、文字，也可以是行为、图画等等。这用语言、文字、行为、图画或其他形式表达的对象结构，都可称为“文”，人对对象的文示。

“德”指人的认识与被认识对象一致，并被实际践行实现，确证正确的部分（详见《乾》附录）。

懿文德：不间断深化对相关对象的认识，使认识尽可能接近客观事实。在正确认识前提下，制定法规、措施、制度；再加以施行，少犯错误，以能准确完成。

启示

人们只有不断深化对相关对象的认识，使认识尽可能接近客观事实，制定出来的制度、规章才能比较科学，能够落实。

相关爻的意义

九五，有孚挛如，富以其邻

象曰：有孚挛如，不独富也。

九五，有孚挛如，富以其邻：巽体三爻，同力畜乾。六四九五“其邻”所指。形式上是四五临接，实质是六四受九五委任，执行九五旨意。九五以刚居中处尊，统御并兼有上下，有孚挛固之义。势态上决定了既有权位，又象征以富厚之力至于其邻。

象曰：有孚挛如，不独富也：九五诚信连接上下，畜聚下

卦三阳，与六四象辞“上合志”一致。上合九五心志。“挛如，不独富”之义。

> *启示*
>
> 作为一个组织的最高领导者，要能授权，能团结下属，能为大众创造福祉，泽被天下。

六四，有孚，血去，惕出，无咎

象曰：有孚，惕出，上合志也。

六四，有孚，血去，惕出，无咎：

六四：于小畜时，处近君之位，象畜聚主体。实质是所谓小畜之“畜”，是六四按九五确认的既有原则，具体落实，使更准确清晰，便于实际执行而已。

有孚：六四以孚诚，落实九五既定原则，九五自然赞同，从其畜聚。看似小者六四畜聚众阳，实质是六四受九五委任，按九五既定原则，落实所有政策，清晰所需才德权利责任，使方案明确具体,便于实施。由此乾体三阳心志系于四。四阴柔，不强制，只是落实九五既定原则，故能顺利。

血去，惕出：上有最高权威确定的原则，六四以原则，根据情况实际，自然少有纷争意外发生。

无咎：能如此，自无咎过。

有孚，惕出，上合志也：六四正比九五，受九五委任，根据九五确定的原则。六四上以原则规定，下以情况实际，故能消除所涉对象警惕，少有纷争。何况决策批准在九五,六四只是落实。这样既顺畅，又合九五心志。

启示

组织中最高领导身边的副手，在协助领导时，一定要根据最高权威确定的原则，完全顺从于实际情况，灵活处理问题，才能合领导心志，才能不后悔。

初九，复自道，何其咎，吉

象曰：复自道，其义吉也。

初九，复自道，何其咎，吉：下卦乾体，阳本当在上，初居下，志欲进于六四，复至阳刚本当的上道，当然没有咎过。和义之吉。

象曰：复自道，其义吉也。

初九乾体，居下得正，与四正应，故象上进复归阳刚自有之道。合逻辑，故无咎而吉。

启示

对于处于组织较低等级的个体，追求进步，积极奋进，是吉祥之道。

九二，牵复吉

象曰：牵复在中，亦不自失也。

九二，牵复吉：下三阳都志欲上进，九二刚中，象行为正中阳刚当上进情况，必然上进。与初九牵连而复，所以称“牵”。复归自己本当在上之道，因果逻辑是其当有所得，吉所指。

象曰：牵复在中，亦不自失也。

所以与初九牵复，就是由其处中，象征行为正中情况。于众阳复上道之时，九二同时复归，不会单独失去复归机会。

启示

组织中很多时候个体会迷失自我，但处事公道的成员如果能够帮助其他人回归正道，利他又利己，是吉祥之道。

小畜的提示意义

第一，组织之后需要规划和制度。

由上述不难理解，小畜卦是在比卦象征结成组织后，制定组织下一步战略规划和行动计划，作为制度条例，以备依其执行。一个组织的顺利运行，需要共同的目标，需要切实可行的行动方案，需要规范各方行为的制度条例，这样，组织的协同效应才能实现。所以，结成组织以后，组织的领导者就要有意识地来规划、勾勒组织这些内容。

组织所处环境是客观存在，其战略规划和行动计划，及制度条例方案，亦有其合天理的正确客观标准，这些都由小畜下卦“乾”所象征。八卦“乾”所蕴含就是讲遇到情况及处理措施的“天理天道”方案。

第二，组织方案制定者要认识、理解、顺从天理天道。

卦象风吹“天理天道”，以象提示主事者，其责任是巽顺“天理天道”，进入理解“天理天道”，并形成条理化文件，以备执行。主事人要顺从天理天道，就需要排除各种情感因素、排除各种个人好恶，专心致志于探求天理天道。主事人要充分了解环境的动态变化，也需要充分认识到组织自身的实际情况。

在看待环境变化时，要尽可能扩大自己的信息域，要进行多元信息验证；在看待自身实际情况时，不要虚妄地夸大自己的实力，也不要自卑地贬损自己的能力。在认识天理天道时，要专心致志，深度沉浸，又要与事物本身保持一定的距离，从更广阔的视角来认识天理天道。

在认识了这些天理天道后，要有意识地形成条理化文件，以备执行。很多组织有主动总结、形成文档文件，进行知识管理的意识，但有很多组织没有进行文档文件管理的意识，这样不利于组织规划、措施与制度在整个组织范围的传播，也不利于组织成员之间进行相互讨论、学习，不利于组织知识体系的建立。

第三，要认识并执行天理天道，需要锲而不舍认知，需要谨慎小心。

象传“密云不雨,尚往也。自我西郊,施未行也”都是明示，结成组织后还有很多工作要做，都属“认识天理天道，形成条理化文件，以备执行”的范围。在认识基础上，必需执行，才能实际实现。因为它是天理天道，只有不懈巽顺理解，才能准确把握。在认识天理天道时,要有“思想上艰苦奋斗”的准备，要反复思考、仔细斟酌，锲而不舍地求真求知。

在天道真理没有认识清楚之前，为了减少失误，不能盲目冒失仓促执行。在认识“文德”时，需再三美懿，以尽力做到全面认识，深化理解，使方案尽可能准确，清晰，明确。

第四，只有制度条例符合天理天道，组织所行才能畅通、顺利。

制度条例合乎“天理天道”的程度，是组织所行畅通、顺利程度的前提。如果组织制度奖懒罚勤，或者奖励溜须拍马，惩罚正直人士，组织必定出现劣币驱良现象，组织决策就有违天道，组织必定运行不畅。如果组织制度不奖励团队合作，最后必然出现个人英雄主义和个人功利主义，最终失去组织的统合协同功效。所以制度是否合于天理天道，是组织运行畅通、顺利的根本原因。“小畜”的目的就是认识组织运行当遵循的“天理天道”。“小畜”的内涵，或说工作，也只在尽力正确认识“天理天道”。

第五，“懿文德”指向正确认识，而不是才艺书画。

此前，几乎所有解《易》者，对《易》理解最失于正确者，或莫过于“小畜”。说什么“懿文德”指“才艺书画”。即使古时没有今说的战略规划，也早已有制度法律。即使想不到制度法律，也应考虑到人做事前，要思考应当做什么及如何做。这“应当做什么，如何做”的标准，即小畜“内卦乾”之所指。“懿文德”，就是通过巽顺，进入乾之蕴含，理解认识，以此制定应对措施。这是“懿文德”之所指，而非作为个人特长的才艺书画等。由此，对于个人修炼而言，正确的价值观和思维方式至关重要，是关于个人发展和组织发展最根本、最需要考察的内容。才艺书画能陶冶情操，个人有，锦上添花；个人没有，也无关根本。

第六，“懿文德”要充分考虑环境变化。

组织制度在一定时期内合乎组织的现实情况，但情况变化后，如果制度不做改变，就会阻碍组织进步。所以制度的合

“天理天道”要随环境变化而进行调整。所以无论个人还是组织，都必须时时密切关注所处情况变化，尤其对全局具有根本意义的情况变化。根据变化，适时制定应对变化，组织应做什么改变的行动方案，包括任务方向变更选择，所需条件，采取措施，可能结果等。为尽力做到正确，应当广泛听取意见，了解情况，充分讨论，在此基础上，形成“战略规划”“工作计划”的文本文件。这些即“小畜”象辞“懿文德”之所指。只有用根据情况变化调整而成的文本文件，作为指导工作的原则文件，才可能在实际工作中方向明确，所行有条不紊，不致导致总体方向路线偏失，从而杜绝——至少减少根本性反复。这是任何组织最当首先自觉具备的意识。但因为现实中人们的认知惰性以及思维惯性，在面对新环境时，人们往往会选择逃避，甚至选择忽视环境变化。这种消极思路和做法最终会给组织带来巨大的灾难。

兑下乾上

序卦：物畜然后有礼，故受之以履

序卦：物畜然后有礼。

物畜然后有礼：多主体组合集聚，需制定所有成员遵守的制度、规则。古时称为“礼”。

故受之以履：以此《易》小畜后设“履”。履，踩踏。序卦已明确“小畜”所“懿文德”是人行当践履的规矩、制度，“礼”。更见认为“懿文德”为“才艺书画”荒谬至极。

履卦“乾前兑后，乾上兑下，乾刚兑悦”：乾前兑后，象征行履以和悦践行小畜“懿文德”之礼，这是必须恪守的天道，不可偏离更易。乾上兑下：“懿文德”之礼如“天在上，泽在下”的确定无疑，无可置疑。乾刚兑悦：“懿文德”之礼，像乾刚不可更易，不止息，指人行履只能和悦紧随天理，不能偏离。

卦辞：履虎尾，不咥人，亨

彖曰：履，柔履刚也，说而应乎乾。是以履虎尾不咥人，亨。

刚中正，履帝位而不疚，光明也。

履，柔履刚也，说而应乎乾：以卦象释卦名履。履，柔履刚也：卦象至刚之乾在前，至顺之泽在后，象人生如行履，当法以泽之至柔紧随乾之至刚。说而应乎乾：当以泽之和悦顺应乾之刚健。

是以“履虎尾不咥人，亨”:释卦辞“履虎尾，不咥人，亨”。咥，“咬”。

是以履虎尾不咥人：以“说而应乎乾”那样，即使紧跟老虎尾行走，都不会被虎伤害。以此晓喻与至刚共处当以至顺。因所以能至刚，就是由其措施总能正中所处情况，否则何以能至刚。由此凡能至刚，跟随者只能以至柔。这也是天理。似不难理解。

亨:以“柔履刚，说而应乎乾”那样行履，必然顺畅亨通，不会有任何阻碍。

> *启示*
>
> 主导者刚明正确，追随者要完全顺从主导者，这样事业才能亨通。

刚中正，履帝位而不疚，光明也。

刚中正：九五阳刚中正，刚义果决；中正，措施正合情况需要。

履帝位而不疚：凡事只要所采取措施正合情况需要，问题自然顺利解决。能使措施正合情况需要，即使践履帝位，处理整个国家问题，也不会有任何失当，都能顺利解决。

履帝位，需处理问题繁多，复杂，重要。由“凡事所采取措施都正合情况需要”，所有问题都能顺利解决，故“履帝位而不疚”。

启示

周易所讲的思维方式，放之四海而皆准。所有措施一定要符合当时的实际情况。拥有这样的思维原则和处事方式，即使是担任国家元首，处理复杂的国家政务，也不用担心出错。

履卦辞、彖传要点：说得如此复杂，实际只有两点，履卦启发人们一是“中正”，也即全面掌握情况，发现问题，准确提出解决问题措施。二是具有实践完成决策的能力、技能，以实际执行完成决策，即乾坤相继之道。这又回到重复过无数遍的老问题，人需要具有“才德”。事实确实如此，解决天下所有问题，不过“才德”二字。但人们似乎难以具有解决所有问题的“才德”。甚至可以说，正常人都不可能做到。但任何人又都能只要“潜心学习，积累，实践，总结”，都会逐渐增益才德，解决更多问题。对人来说，努力修习与不努力修习完全不同，自觉修习与盲目顺从有很大差别。才德提高，既关乎是否努力，更关乎是否自觉。凡能自觉努力，无人不可提高才德。如何才能提高才德？需要人们“潜心于观察，学习，积累，实践，总结”。增益才德之道亦是“柔履刚，说而应乎乾”，根据情况需要，“潜心学习，积累，实践，总结”，多能“亨通”。这就是人生的行履之道，人当以之行履。

象曰：上天下泽，履。君子以辨上下，定民志。

上天下泽，履：小畜懿文德规定的人生当践履，如天在上泽在下那样确定，清楚，明白。

君子以辨上下，定民志：君子，主政者，首先是政策制定者。以辨上下，定民志：通过分辨上下，制导政策，决定民众心志。

“上下”，就社会总体说，执行政策为上，政策会左右民众心志。社会风气紧随政策，被政策左右。有什么样的政策，紧随相应风气。政策是社会风气的指挥棒，即所谓“君子之德风，小人之德草，草上之风必偃”；“上有好者，下必甚焉”，“楚王好细腰，后宫多饿死”……诸如此类，不胜枚举。

执政者应该如何制定政策呢？就社会进步需要说，端正民风为上，政策当服从端正民风需要。那么什么又是社会应当提倡的民风？首先就在于让全民竞相增益才德，具有为社会服务，推动社会进步的见识能力。任何时代，社会，国家，组织，最需要的都是才德。

这似乎极其明显的道理，古今却少有持续。原因值得深思。或有涉及人性所处阶段等更深层原因。就短时间说，决定于主导领导的见识，胸襟。如果主导者见识浅薄、胸襟狭小，不能唯才是举，大度容人，很难倡导出全社会竞相提高才德的民风。由此，这所谓上下，及如何端正民风，要在领导警惕并自觉避免“小人挟其所长以善投，人君溺于所习而不觉。审听之其言入耳，谛观之其貌悦目，历试之其才称乎心。于是小人不约而自合，君子不逐而自离”的局面。

准确对人察举选用确是非常艰困的课题，但确又必须高度重视。要实现以提高才德为尚的社会民风，这或许是远不能实现的奢侈。

> 启示
>
> 对于领导者来说，倡导全民争先提高才德，是一切工作的重中之重。

重要的几卦

1. 九二，履道坦坦，幽人，贞吉

象曰：幽人贞吉，中不自乱也。

九二，履道坦坦，幽人，贞吉。九二：以刚居柔中之位，象征见识能力足以应对所遇情况。得中，象征所采取措施总能正中情况，解决所遇问题。履道坦坦：见识能力足以应对所遇情况，措施总能正中情况，解决所遇问题，就像走在平地上那样平易自然，准确处理了所有问题。幽人：仍由见识能力能准确应对所遇情况，准确解决所有问题，故整个旅途没有任何事故、意外，所行幽静安恬，如一无旁顾的幽居隐士。贞吉：由以刚处柔，象征见识能力足以应对所遇情况，可能谋划多种措施方案，故需注意恪守所有措施至少不能伤及无辜为原则，最好在解决问题同时，能有益于他人。

象曰：幽人贞吉，中不自乱也。

“幽人贞吉”，总能以既正中情况，又不伤及无辜的措施处理所遇问题，轻松自如地准确解决所遇问题，从未悖乱，不伤及无辜原则。

启示

这世间，有人闲庭信步，有人心乱如麻；有人举重若轻，有人力不从心。背后的唯一不同就是才德。高才德者宁静从容，才德不足者手忙脚乱。修行才德是获得宁静的唯一通道。

2. 六三，眇能视，跛能履，履虎尾，咥人凶。武人为于大君

象曰：眇能视，不足以有明也。跛能履，不足以与行也。咥人之凶，位不当也。武人为于大君，志刚也。

六三象辞是逐句释爻辞，故只释象辞，不再释爻辞。

眇能视，不足以有明也：六三以柔处刚，才不堪任，虽有点儿见识，但不能完全准确解决所遇问题。爻辞“眇能视”之义。跛能履，不足以与行也：即使制定了行动方案，由于执行能力不济，不能完全准确执行。咥人之凶，位不当也：爻辞“咥人凶”，其以柔处刚，位不当，且这不当是才不堪任。爻辞“位不当”指行为不当。不正，象征为达到目的不择手段，伤及无辜；甚至伤及无辜也不能达到目的，根源在才不堪任。六三必须警惕。武人为于大君，志刚也：只有刚猛武夫之勇，没有任何才略，却要图谋君王之位，心志远远超越才能。由此而践履虎尾，随时可能被伤。根源在志大才疏，才德远不能实现目的，而不择手段冒险妄为。

启示

世间有很多人，心比天高，但能力不够，胆量又极大，甚至为实现目的不择手段。这种行事方式非常危险，要高度警惕。

履卦的提示意义

第一，正确的实施和正确的方案同样重要。

履卦是小畜的继续，即小畜卦“施未行”之“行”，“行”在“履”中。“履”就是实际执行小畜懿文德的方案。懿文德方案是标准，其规定了组织方向，路线，制度。没有正确的大格局方案，肯定不会有大发展。但不是“懿文德”方案正确就万事大吉，仍需实际行履者正确理解，具有相应技能，具体实施。小畜懿文德方案正确是前提，落实在准确理解并实行。方案不正确，无法达成组织或个人目标；但如果方案正确，却不能执行，前期制定方案的工作也只能徒劳无功。更有甚者，很多方案是在执行过程中不断调整、不断涌现出来的。因此，行动、执行具有强大的力量。

组织中经常出现“歪嘴和尚念经”的情况，即方案很好，但执行与方案初衷差异很大。要避免这种情况出现，组织需要进行充分的沟通，方案的指导原则、重要意义、具体内容等一定要与执行者进行充分的沟通,让执行者有充分的信息。同时，组织一定要认真选择执行者，执行方案需要具有相应技能，要选择符合方案要求的执行者。此外，组织还需要有一些监控执行进程的手段，进行过程控制，及时发现执行过程中出现的问题，并采用相应的措施解决这些问题，确保执行顺利进行。

第二，执行者要小心翼翼执行方案。

彖传“履,柔履刚也,说而应乎乾”不是空对空,无所指,无目标的泛泛之说。意在提示履卦之乾，就是小畜“上巽下乾”对“乾”所懿文德。组织必须恪守遵循的天道。执行“小畜懿文德方案”，要像履虎尾之小心翼翼，步步清楚准确理解并实践。卦辞和彖传，都是释卦象。履卦象，就是象征执行者与方案关系。

执行者小心翼翼执行正确方案，一步步不出错，是执行者最应该做的事情。执行者在执行中要怀有敬畏之心，以对待天道天理指导下的方案；要千方百计地想办法，努力实现天道指导下的方案，“以柔履刚”。

第三，自古至今，对小畜的错解，说什么“懿文德”指“才艺书画”，造成小畜和履卦不仅未得有机衔接，甚至错解的恶果。使本当光辉普照的先贤智慧，以巫术流传，泛滥，后辈真是愧对古之先贤。

泰

䷊

乾下坤上

序卦：物畜然后有礼，故受之以履。履而泰然后安，故受之以泰

《易》以小畜“懿文德”认识天道，“履”以“礼”行履而通泰、通达、安泰。由此《易》“履”后安排“泰”。泰卦阐释处安泰之道。

中国文化首要价值是阴阳交通，合作，共成事业。阳，“乾知大始”。阴，“坤作成物”。乾“知大始”由其内涵“元亨利贞”。坤“做成物”由其内涵“元亨，利牝马之贞”。即乾有认识能力，为知者。坤有实践能力，为能者。唯乾坤阴阳合作，能共同成就功业。

“泰”义为乾坤阴阳合作解决问题，使能致通泰所遵循的原则及其结果。

卦辞：泰，小往大来，吉亨

彖曰：泰，小往大来，吉亨，则是天地交而万物通也，上下交而其志同也。内阳而外阴，内健而外顺，内君子而外小人。君子道长，小人道消也。

泰，小往大来，吉亨：孔子作《彖传》释卦辞“泰，小往大来，吉亨”。泰：多义字，主意“平安，佳美，通达，安泰”。泰卦主意通达，安泰。

小往大来：《易》阳为大，阴为小。小往大来，阴柔去往、离开，阳刚进来。象征阳刚在决策核心进行决策，阴柔离开决策核心。泰卦象征之义。

吉亨：吉利亨通。阳刚知大始，决策方案必合时之宜，执行此方案，能达到目的。阴柔不在决策权力内，不参与决策。但阴是能者，具有技能；完全顺阳，能实际实施实现阳刚制定的方案，使方案实现，亨通，吉利。

> 启示
>
> 任何组织、个人的安泰、通达，最重要的是中正之士处于核心地位，具有决策权力。

则是天地交而万物通也，上下交而其志同也。

天地交而万物通也：泰象征小往大来，如自然界天之气下来，地之气上升，上下阴阳交合，造就自然万物繁茂生长，亨通所指。

上下交而其志同也：亦如人事上下交互，主政者下来了解民意，以民意为决策依据，民众自然情愿为之奋斗，上下心志相同，协力合作，成就功业。

> 启示
>
> 一国之通泰，需要主政者了解民意，以民意为决策依据，则民众自然与主政者同心协力，共同成就功业。

内阳而外阴，内健而外顺；内君子而外小人。君子道长，小人道消也。

内阳而外阴，内健而外顺：“内阳而外阴”，即“内健而外顺”。内健，阳刚为知者，致力于内部决策。决策方案不会违背因果律，条件都能具备，方案能亨通。外顺，外在执行者一能准确理解方案，顺应方案；二具有技能，能使方案实际完成。

内君子而外小人：内君子，决策主体是君子。既是君子主导决策，决策必以外在民众利益心愿为原则。外“小人”指不参与决策的民众。民众在外执行决策方案，一由方案合于民众利益、心愿，民众自然竭尽全力执行。二由民众具有技能，能使方案圆满完成。

君子道长，小人道消也：如上述，君子以利于民众意愿为原则的决策必能实现，侵害民众利益的小人原则消衰。

启示

一国决策者要始终能考虑到民众利益、民众愿望，决策才更可能正确，民众也可能拥戴并落实，最终建立一国以民为本的社会风气。

象曰：天地交泰，后以财成天地之道，辅相天地之宜，以左右民。

天地交泰：卦象天地阴阳之气交合，成就万物，为泰通。自然界地本在下，卦象坤在上；天本在上，卦象天在下。卦象天地之气交互，地气上升，辅助成就天道；天气下降，辅助成就地道。二气交合，化生万物。

后以财成天地之道，辅相天地之宜："后"指"后王"，相对开国"先王"而言。不是现代认为的后宫王后。"先王"以师战开国，除非特殊事件偶发"和谈"，短暂交互。总体交战，双方少有"交泰"。即使将帅间，亦主在指挥、服从。后王时期主在治理发展，造就繁荣，需知天时，通地理；行以天时，顺地理。人事上，后王深入民间，了解民生真情。民情上达，以此决策。即泰象征的天地交互，顺民意，合民心，造就和谐繁荣。

启示

在事业进行的不同阶段，需要不同的才能。在征战时期，需要战争才能；在建设时期，需要上下通泰才能。

天地自然涵盖庞大，繁杂。就自然说，无论天时之气象，地理之情状，绝然相反之间，都存在渐变，渐变累积成绝然相反。人要生存必须依附自然。自然作物春生，夏长，秋收，冬藏，而人不能冬不食。为了冬食，必须于秋收藏。乃至于春栽种，夏助长……所有这些，前提是对天时之变区分，并命名，能互相交流，推广，才得协作。"财"通裁，为裁成、裁制。后王这些将连续变化天时地理裁制划分，并命名为"春夏秋冬"，"高山，深渊，河川，江海，丘陵，平原"……都属"裁成"之所指。

辅相天地之宜：辅相，辅助，相协理。不是主导。就气候而言，并不改变气候本身，也不可能改变。只是以其之适宜行事，充分运用，辅相所指。“宜”是以人为标准而言。“裁成”“辅相”的对象是天地自然本身；“裁成”“辅相”的原则和目的，是人所用之“宜”。将气候从连续渐变到绝对相反，划分成“四季”，乃至年月日，此后的“时分秒”，都是对自然“时间”的“裁成”并命名，目的是“辅相”人们所用之“宜”。“裁成”“辅相”的主体是人。自然天气是被“裁成”对象。目的是为人用之“宜”。

时至今日，人们在做的一切，诸如互联网，高铁，飞机，卫星火箭，无不是人的“裁成辅相”，用以“时之宜”。且这裁成辅相还将无休止继续下去。

启示

人们要认识事物，就要对事物进行分类、命名，这样才有助于互相交流、推广、充分利用。

“后”非指某个具体人，也非必然后王本人裁成辅相，而指建设繁荣时期。诸如燧人氏钻木取火，大概非某一人……

以左右民：“左右”，引导，控制。后王以“时之宜”为原则，顺应天时、地利，调配人力，培育人力。后王还将无休止继续，裁成、辅相自然存在和人员人力。这就是人，人的社会，人的现实，人的历史和人的未来。人的任务，责任，就是对自然“天”的“裁成、辅相”，也是对人本身的裁成、辅相。

启示

在位者调动民众，利用民力，也一定要因时而宜，因地而异，了解民心，顺应人性。

重要的几卦

1. 九二，包荒，用冯河，不遐（远）遗，朋亡，得尚于中行

象曰：包荒，得尚于中行，以光大也。

包荒，度量宽宏，包含荒秽，荒芜、污秽。荒芜，杂草丛生。污秽，玷污，弄脏，有负面作用。

冯，即凴，凭的繁体字，冯河，不借助船具徒手过河，意为敢于作为，不惧艰难。

九二爻象，阳刚处中，象征思想清楚，判断准确，任事果决且正确，少有失误。包荒：包容荒秽、荒芜、污秽。正由于其“思想清楚，判断准确，任事果决且正确，少有失误”，故不轻易否定任何存在，更不轻易抛弃。物之不同由其自身内在本有不同之性。故其所能发挥的作用全在人之用。用之适当则受益，用之失当则成害。故不能轻易抛弃，一旦抛弃，无可挽回。唯存留并认识，顺其本性安排运用，使发挥有益作用。且或世界上不存在无用之物，所用结果是益是害，只在人之用。此乃知者九二所以“包荒”之义。

> **启示**
>
> 作为领导者要有容人雅量、容事度量，不轻易否定任何存在，更不轻易抛弃。而要顺其本性安排使用，使发挥有益作用。

用冯河：九二阳刚的象征意义。冯，古“凭”字，冯河，不用舟船过河，比喻敢于承担风险。世上不存在无任何风险之事。没有任何风险，何须九二刚中之才。“用冯河”并非莽撞，毫无考虑。这已在“九二”象征的“果刚而中”之中，只有刚决到“用冯河”，才能“正中”所处情况需要。

> 启示
>
> 作为领导者，要果敢中正，勇于承担风险。

不遐遗，朋亡：不遐遗：“遐”义“远”；不遐遗，顾及情况全面周详，无遗漏。朋亡：“朋”，友朋，朋党。朋亡：只以所面对情况和责任需要处理问题，没有其他。程传：自古立法制事，牵于人情，卒不能行者多矣。若夫禁奢侈则害于近戚，限田产则妨于贵家，如此之类，既不能断以大公而必行，则是有牵于朋比也。治泰不能朋亡，则为之难矣。

得尚于中行：治泰以上述四者，才正中治理处于泰时造成的“人情安肆，政事舒缓，法度废弛，庶事无节”情势所当行，亦是泰卦九二象征的必然之行。

九二象辞“包荒，得尚于中行，以光大也”，意为由九二“包荒，得尚于中行”，才正中继续光大处泰通之时当获得更大成就之所当行。

> 启示
>
> 领导者考虑情况要全面周详，不结朋结党，以公义原则处理问题。

2. 六五，帝乙归妹以祉，元吉

象曰：以祉元吉，中以行愿也。

商朝有多个帝王名帝乙，后人皆知的是商汤和商纣之父，都取名帝乙。考究“归妹以祉”帝乙具体所指，几无意义。重在“归妹以祉”的内涵、作用和意义。“归妹以祉”义为帝王姐妹总要成婚，成婚定是“下嫁”。成婚下嫁所享福祉随“下嫁”之家身份，不再享用原有“王姬”福祉。这无疑具有进步意义。由是帝王之女成婚，其丈夫公婆，乃至家族所有成员，其才德少有，不能堪配王姬本人。若在夫家仍享帝王尊贵，自然无益于家族安定和谐。自制定“归妹以祉”礼制的帝乙后，凡王姬下嫁，都降其尊贵，顺从夫家。“归妹以祉”的制度无疑具有进步意义。这帝乙乃推动社会进步的帝王。

六五爻辞“帝乙归妹以祉，元吉”，义为六五以阴柔居君位，唯法帝乙之归妹，降其尊贵，顺从倚任九二刚明贤臣，必受其福祉且元吉。元吉，完美到尽善之大吉。必得成治泰之功。“归妹以祉”内涵实质是，人之社会待遇只以所任之事，不以其家族社会关系。其前提和基础又是任人任事不以出身，只以才德。唯有才堪所任，才能成就功业。这是显而易见的道理。唯有任事制度是只以才德，不以其他，才利于社会进步发展，自然随之形成奋发向上，致力增益才德的社会风气。

象辞“以祉元吉，中以行愿也”：以“帝乙归妹以祉”而得元吉，是由废弃社会地位以所任之事，所任事只以才德，不以出身的制度，才正中得以持续兴旺的心愿。不废弃以出身安排职务的制度，几无可能持续，更无可能元吉。

启示

社会要持续兴旺，一定要弘扬不认出身，只认才德的制度。

泰卦的提示意义

第一，治国者主要责任在于创造阴阳交合、相互辅助的环境。

天地阴阳交合，相互辅相之通泰，是发展的前提。唯有通泰才有创新，成就新发展。创造天地阴阳交合，相互辅相之通泰环境，是治国者的主要责任，最高原则，当持续不易。

在这里，天地阴阳交合，最主要的是主政者深入民间，关心民众，激发民众合作奉献的愿望与决心。如果主政者高高在上，不理民间疾苦，民众必然不会和主政者同心协力建设国家，国家很难长久通泰。

第二，能合民心，重民意的决策就是君子之道，能以民众利益为行事原则的人就是君子。

所谓君子小人，内涵复杂，泰卦主指见识品德。所谓君子决策，其内涵就是决策以“民众心愿利益为原则”，并非指社会地位。未言之义是小人指凡事以自我利益为原则。故即使身处高位亦可能为小人，即使身处微贱亦可能是君子。

第三，认识事物有方法，最简介的认识方法就是分段理解，由部分到全体。

事物多是由连续渐变到质变，即哲学语言的“从量变到质变”。为有效利用对象，首先需对其有清楚认识。最通用、简洁的认识方法是对其连续变化进行“裁成”，分段认识理解。在诸段认识基础上，认识全体。

第四，认识理解多个对象，跨领域思考，更容易创造新事物。

认识理解多个对象，才能促成相互“辅相”，从而造就本不存在的新存在。这既是科学研究的基础思路，也是最高层思路。所有巨大进步，无不始于裁成辅相，继之以阴阳交互协理。高速公路是，高铁是，袁隆平先生的杂交水稻是，李保国教授太行山种苹果，光能发电，核电，手机通信，网购，等等，无不是出于裁成辅相的阴阳交泰。

第五，尊重科学、尊重知识，就能奠定社会总体通泰的基础。

欲成就阴阳协调的通泰，涉及全局的是造就适于人们相互协理，裁成辅相的社会环境。人与人少有斗争，沟通以理的氛围，也就奠定了社会总体通泰的基础。最基本的是诚意尊重科学，尊重知识，尊重专业人才。闻道有先后，术业有专攻。先王征战建国，精通战争规律；后王或深谙治人之道，都难能精通无穷的诸多具体专业知识、事务。其责任重在制定政策，造就氛围，形成风气即止。制度习性形成的“上有好者，下必甚焉”，或当少干涉具体事务，不轻易宣扬典型。人人都会以自己所处之宜，认识并把握自身的裁成辅相。

否

䷋

坤下乾上

序卦：泰者，通也。物不可以终通，故受之以否

程传：夫物理往来，通泰之极则必否。否，所以次泰也。为卦，天处上地处下，是天地隔绝不相交通，所以为否也。

《易》泰卦象征通畅，交互，和谐。若称自然世界夏季为泰，则可称冬季为否。泰否象征相互反对。

序卦认为“物不可以终通，故受之以否”。似乎泰否互反是所有事物的“通理”。人文世界呈现的泰否相互转换未必必然。根源在与人认识缺失，这缺失包括人们习于思维“惯性”，少有反思，不能准确判断情势，更难适时正确调整人事。

卦辞：否之匪人，不利君子贞。大往小来

彖曰：否之匪人，不利君子贞。大往小来，则是天地不交而万物不通也。上下不交而天下无邦也。内阴而外阳，内柔而外刚，内小人而外君子，小人道长，君子道消也。

否之匪人，不利君子贞：“匪人”，非人道。人道是相互沟通。否卦象征上下隔绝，不相沟通，不利君子恪守相互沟通协

力正道。

大往小来，则天地不交而万物不通也：释卦辞“大往小来”。

《易》以阳大阴小，否卦辞和象传“小”与泰卦之“小”不尽相同，泰卦外阴之小，主要象征“民众”。否内卦之小，主要象征品行不端，又掌握权力者。

大往小来，阳刚君子被排除在决策权力之外，阴柔小人决策。决策只以个人得失，结党营私，造成社会如自然严冬，天寒地冻，万物不生，自然不会交通，协理。

上下不交而天下无邦也：邦，邦国。古代一个社会阶段，国家分成众多邦国，邦国间根据需要，一定程度上资源共享，统一调剂。天下无邦，处于否时，上下不相交通，没有了邦国时代根据需要一定程度上资源共享的协作互通。

内阴而外阳，内柔而外刚，内小人而外君子，小人道长，君子道消也：上述“上下不交而天下无邦”状态，是由君子被排斥到决策权力之外，小人决策，以小人利益、意志、嗜好为决策依据。与君子主张的以民众意愿和利益至上原则正相反对。君子主张不得实行。

启示

一个社会，如果君子被排斥到决策权力之外，小人当道，以小人利益、意志为决策原则，整个社会就会进入严冬。

象曰：天地不交，否。君子以俭德辟难，不可荣以禄。

俭德辟难："俭德"，隐藏见识，收敛才干。辟难，避免灾难。

不可荣以禄：既不以高禄位为荣耀，亦不以无禄位为耻辱。如果其与主政者见识相反，或可能近于正确。所以如此，由"内小人而外君子，小人道长，君子道消"。行君子之道，难有禄位。有禄位者，多为小人。以禄位为荣，是以小人行为为荣。

泰否两卦，看似相反，实质相同，都指人所行当以时之宜。即《孟子·万章下》所指："伯夷，圣之清者也；伊尹，圣之任者也；柳下惠，圣之和者也；孔子，圣之时者也。"孟子指出四种典型圣人，以孔子行"时之宜"为圣之至者。"时之宜"，根据所处情况决定行为。如多次说的，"夏天穿单衣，冬天穿棉衣"为"宜"。时处否，以高位厚禄为荣，必是小人。并非处于否时，绝对不能"处高位，享厚禄"。"处高位，享厚禄"或能局部以迂回策略坚守君子正道。而是指不能以"处高位，享厚禄"为荣耀。因时处于否，小人主导政局，君子难能"处高位，享厚禄"。

启示

周易中不断强调因时而宜。如果邦无道，君子需要隐藏见识、收敛才干，不能以"处高官，享厚禄"为荣。

重要的几卦

1. 六二，包承，小人吉，大人否亨

象曰：大人否亨，不乱群也。

包承：包，朱骏声《说文通训定声》：“巳，似也。象子在包中形，包字从之”。未成形则包围、保护，以使其长“成”。“承”，继续，接续，使其持续长成。小人吉：由六二“包承”当然是小人的吉利。大人否亨：大人否，小人亨通，自然大人被否决，不得任事。亨：时处小人亨通之时，正是“大人被否决，不得任事”之时。这时任事只能助长小人。被否决则不助长小人。不助长小人本身就是君子之道的亨通。不乱群也：小人之道亨通之时，大人身被否，不帮助小人任事，是助益了大人之道，亨通。能如此，是这身被否大人能清楚分辨大人小人所当行，不自乱，不与小人群类同行。

> 启示
>
> 任何事情的完成需要才能。对于有才能的六二，会有人来拉拢，给予机会。君子一定要分清楚，给机会的是大人还是小人，不与小人同行。

2. 九五，休否，大人吉。其亡其亡，系于苞桑

象曰：大人之吉，位正当也。

九五，休否：休，终结，使停止。休否，休止否决大人之道。五以阳刚中正之德，居君位，象征既能准确识别大人小人所当行，且具有相应权力，准确行使权力，适时果决终止小人否决

君子之行。大人吉：这当然是大人之吉利。其亡其亡，系于苞桑：其亡其亡：这是九五大人具有的智慧。九五大人处九五刚中正之位,阳刚有见识。中正,是见识正中情况。对于九五而言，唯有“时时可能败亡”的自觉警示，事业才能得以牢固到如根部系于捆绑在一起之苞桑。桑树根深蒂固。苞桑，根部连在一起的丛生桑树，盘根错节，不仅抗拒飓风，而且根部互相缠绕，互通水分营养,很难干枯死亡。大人之吉,位正当也:爻辞“休否，大人吉”,义为有“其亡其亡”之戒,从而得牢固到“系于苞桑”的大人之吉利。所有这些都在九五阳刚处中正君位象征的意义中。阳刚象征有见识，中正象征见识正中所处情况，居君位象征具有能行使权力的地位。由此能停止天下之否，成就大人之吉。但由尚未脱离否时，有其亡之戒，从而安固到如维系于苞桑。

启示

组织的最高领导者，一定要有危机意识，时刻警醒，才能开创牢固、顺利的事业。而事业牢固、顺利最关键的因素是能让大人得道、小人退位。

否卦的提示意义

第一，人首当准确判断所处时之大势，根据所处情况采取不同应对措施。如果人们所处的环境无道，人们的行为应该与所处有道环境时应该做的行为相反。这样才是人的正道。环境有道，人们应该积极任事，贡献才智；而环境无道，人们应该隐藏见识，收敛才干，不追求荣华富贵，不以荣华富贵为荣。

第二，社会所行正否的首要标识是君子当位，小人退位。

人文社会，所处如何，不同人有不同选择。正道的首要内涵是如何能使君子当位，小人退位，这是社会所行正否的首要标识。

正如孙嘉淦所指“小人挟其所长以善投，人君溺于所习而不觉。”社会所以处之否决，既是“小人挟其所长以而善投”，更由“人君溺于所习而不觉”。二者比较，或“人君溺于所习而不觉”更关键。所谓品行不端的小人总会存在，领导所以为领导，其重要责任之一就是知人善任。知人之首要是知其善恶。阿谀逢迎是典型的品行不端，且不难识别。领导不能识别阿谀逢迎之品行不端，是败亡之源。

第三，社会兴亡首要责任在人君。无人不知一切关键在用人，但少有提示用人关键在“人君”能否自觉有意识地进行自我强制、自我警示。泰否责任在人君，根本在人君，兴衰存亡在人君。所以，人君一定要以国家利益为重，自觉识别君子、小人，重用君子，停用小人，培养君子，抑制小人，培养社会正气，引导社会正道。

同人

䷌

离下乾上

序卦：物不可以终否，故受之以同人

物不可以终否：世界不会总处于不相交通的否决状态，自然界，冬天总会过去，春天必然到来。具体事物，甚至具体类事物，会灭绝，不再生，但却又会生出现实不存在的新存在。这些新存在没有不与其他存在相交通的存在，必然相交通。正是相交通成就了新生。男和女是，思想和躯体是，饮食和排泄是，生老病死是，万物和大地是……数不胜数，难有不是。故受之以同人：《易》据“物不可以终否”，必然互相交通的事实，于否卦后设同人卦。

序卦提示的任事原则：“物不可以终否，故受之以同人。”明确提示有二，大凡任事，多数需要与人同，一人胜任之事少之又少。即所谓人需求多样性和个人特长局限性，决定了人必须协作，结成组织。这是不可改变的事实，最基本的事实是人结成夫妻。二是“物不可以终否，故受之以同人”，并非强调是否与人同，而强调与什么人同，如何同。同人卦就是提示人如何共同任事的问题。

重要的是，据传序卦为孔子所著，无论是否确实，至少不会晚于孔子。今认为孔子生卒年月为前公元 551 年 9 月 28 日（农历八月廿七），前 479 年 4 月 11 日（农历二月十一）。就是说中华祖先至少于两千五百年前，就已自觉认识到人只有合作才能共成其事。这是值得作为中华后人的我们引以自豪的。这里需要说明的是，“已实际如何”，与“自觉认识到‘必须如何’”根本不同，“自觉认识到”是作为人的觉醒。只有自觉认识到合作的重要性，才能更好地展开更有意义的合作。

同人上乾下离的象征意义

同人为卦，乾上离下，象火在下，向上明照天理天道，明天理天道，依天理天道而行，行与天理天道和同。

自然赋予了人，且只赋予了人具有对事物认识能力，并以这能力沿着对人有利方向，承担认识并改造、优化世界的责任。人只能义不容辞，必然义不容辞。履行这责任，首先要认识乾卦象征的天理天道。天理天道至高无上，人只能顺应。人在不懈向上认识天理天道的同时，也就正在与天理天道和同着，和同了。这既是自人类产生以来的事实,亦是同人卦的象征意义。这事实和意义就是天理天道至高无上，人在其下，不懈向上仰视认识，达到明确且正确，并以之而行。如此才是人，才堪为人。这就是同人上乾下离的象征意义。

人的上述能力被称为“能动能力”，指人能认识对象，并按照对象本身之性，以对人有益的目的改造对象。认识并改造对象前后，人自身也在改变着——从不认识到认识，从未改造到实现了改造，即所谓“人在改造自己的同时改造着世界，改造了世界”。这就是人，唯此才是人。由上述不难理解，“同人”义为，所有人都是“同”于“不懈以适时的‘天理规定’应做什么，如何做，实践使实现”。这是人所同有，人天然所“同”。

天理是什么，中国文化的“天理”或首指凡事以“时”，行动方案决定于情况，任事要根据情况采取措施，而且措施正对情况，能解决问题，实现目的。人总自觉以此，则无所不能。如果未致力于认识情况，以虚中容纳情况；或者所制定措施不能解决相应问题，所欲“同”终究只能是空谈。认真推敲，天理一般有以下几层含义。

一是清楚认识所面对情况，这是基础，前提，根据，也是最重要的一点。情况是现实实际存在，用心调查，就不难把握。

二是梳理调查结果，明确所不满意的地方。情况不明确，不准确，其他无从谈起。把握并梳理清楚情况，明确不满意之处，亦是任事之要。所有正常人都一定程度上具有相应能力。只是有人自觉以此，有人盲目以此。盲目不自觉，就难以总是严格准确地要求自己去梳理情况。

三是以解决不满意为目的制定措施，这些措施包括“做什么，如何做，所需条件”，而且整个过程是以因果律逻辑推理。正常人都一定程度上具有逻辑推理能力，多能获得结果。只是所得结果适用程度，决定于对情况的把握和主持者所具有的才学经验。

四是以所制定措施实际实施，多能解决问题。解决范围及程度，同样决定于主持者才学和经验。

经常与“天理”相提并论的“天道”是什么？“天道”既是方案中已规定从开始到结果的路径，也近于执行方案所历经路径。二者是否一致，有多大差异，亦决定于主事者对情况掌握，才学及经验。

卦象提示的任事原则

一是自然赋予了人，且只赋予了人具有认识是非利害的能力，并以其所认识采取趋利避害的措施，使环境向有利于人的方向发展。从积极意义说，人必然自觉不懈认识面对情况，制定改进措施并实践。从消极意义说，人只能不懈认识面对情况，制定改进措施并实践。如此而行是人，不以之而行不堪为人。人都如此，无不如此，这是同人之义。

二是无论出现任何情况，都是人的“客观”，人只能面对。要面对就要认识，要认识只有法“离卦”之“虚中”，完全接受情况，根据情况采取措施。

三最重要，在上述意义上，下一步情况并非人当前完全被动的“客观”，而是具有一定的主动性。这主动，一则把握当下情况。二则基于情况，以因果律制定措施，三则执行措施。

人对上述三者都有一定的主动权。由此人能在一定程度上决定下一步将面对的并非完全“客观”的“客观”。这下一步所谓的“客观”，总是一定程度上决定于人当前的“主观”。

由上述不难理解，“同人”义为，所有人都是“同”于“不懈以适时的‘天理规定’应做什么，如何做，实践使实现”。这是人所同有，人天然所“同”。

卦辞：同人于野，亨，利涉大川。利君子贞

同人于野，亨，利涉大川。同人卦象，乾上离下，天在上，火向上明照，象向上容天理，具有天理，明天理，同以天理。同人于野，亨。九五阳刚中正，居尊位，象征全面集中了解情况，拥有制定解决措施的根据。六二虚中，与九五中正相应，象征完全接受容纳并准确理解九五所集中的情况及解决措施，并拥有实践方案所需的技能，能完全准确执行完成方案。野，旷远郊远。由上述九五六二所具有才德及相互关系，所有情况的问题都能协调合作，准确解决，必然亨通无阻。利涉大川：周易以水为坎卦之象，性为险。“大川”汹涌澎湃的大水，激烈变动的大危险。“利涉大川”，对“同人于野，亨”的再明确，特殊强调即使如“汹涌澎湃的大水，处于激烈变动中的大危险”都能涉越，其他问题何足待言。

利君子贞：所以能得如涉大川之利，只在主导者准确把握情况，制定措施正中情况；执行者准确理解，具有技能，实际执行圆满完成。九五六二都准确恪守了君子之贞。

启示

中正于明天理天道，准确行以天理天道，为君子当行之正，必得成功之利。只要君子以天理天道行事，再大的危险、再大的险难，也都能渡过。

彖曰：同人，柔得位，得中而应乎乾，曰同人。同人曰：同人于野，亨，利涉大川，乾行也。文明以健，中正而应，君子正也。唯君子为能通天下之志。

同人，柔得位，得中而应乎乾，曰同人：以卦象释卦名。

同人，柔得位：六二以阴居柔位，柔爻得柔位。

得中，二为柔中之位，象征认识和执行都准确合乎情况，无过无不及。

应乎乾：六二柔中正，与九五刚中正相应。“柔得位得中”而“应乎乾”，象征所把握情况准确，所制定措施能准确解决问题，与“天理”正应。

曰同人：具备上述全部称“同人”。

启示

理解“同人”之义至关重要。不能以“同人”二字简单理解成“与人同”。周易的“同人”有严格规定，就是“柔得位，得中，而应乎乾”，意为主持者准确认识情况，制定措施能解决全部问题，可实际执行。执行者能准确理解，具有相应技能，能实际执行完成。完全解决问题。

同人曰：同人于野，亨，利涉大川，乾行也。

同人曰：《程传》“羡文”，有一定道理，可从。或亦可理解为上述的同人卦辞“同人于野，亨，利涉大川。利君子贞”。（以下抄录卦辞释，仅改标号）

同人于野，亨：

九五阳刚中正，居尊位，象征了解全面情况，包括准确的解决措施。

六二虚中，与九五中正相应，象征六二完全接受容纳并准确理解九五所象征的情况及解决措施、所需技能，以及如何实践完成。

六二九五中正相应，象征所制定措施准确合乎情况，能解决所有问题。执行者（亦是六二象征）完全准确理解，具有相应技能，能完全准确执行完成。

同人于野，亨：野，旷远郊远。由上述九五六二所具有才德及相互关系，任何情况的问题都能协调合作，准确解决，必然亨通无阻。

利涉大川：周易以水为坎卦之象，性为险。"大川"即汹涌澎湃的大水，激烈变动的大危险。"利涉大川"，对"同人于野，亨"的再明确，特殊强调即使如"汹涌澎湃的大水，处于激烈变动中的大危险"都能涉越，其他问题更无待言。

乾行也：上述"同人于野，亨，利涉大川"都由乾之健行开启（乾健之行由上乾象征，集中于九五；制定并执行方案是由下卦离完成，集中于六二象征）。

文明以健：下离为"文明"，"文"指阴阳交错。"明"由虚中能容，其中具有故明。

中正而应：九五刚中正，六二柔中正；九五六二中正相应。意为九五准确集中了天理规定，六二随即理解九五所象征，并具有相应技能，立即执行，准确完成。

君子正也：九五总能准确适时以天理做出规定，为刚健君子之正。六二准确理解九五所规定，具有相应技能，随之实际做成，为柔顺君子之正。

唯君子为能通天下之志：刚健君子总能适时认识情况需要，准确做出决定，并准确象征提示，这是刚健君子的心志，也是刚健君子具有的才能。

坤顺君子总能理解刚健君子所象征，具有实际做成才能，总能根据刚健君子象征规定实际做成，这是坤顺君子的心志，也是坤顺君子所具有的才能。

可见，唯有刚健君子和坤顺君子前后相继协力，才能实际实现它们共同通达天下的心志。天下时时处处有需要，刚健君子和坤顺君子都能实际提供。

启示

所有天下问题的解决离不开刚健君子和坤顺君子的合作。刚健君子知道问题所在，知道解决问题的方案；坤顺君子准确了解这些方案，并能实际做成。刚健君子和坤顺君子各当其位，天下的难题将不再是难题，天下必然实现通达顺畅。

象曰：天与火，同人，君子以类族辨物。

天与火，同人：天在上，火性炎上，照明天理天道，以明天理，得天理天道，行以天理天道之同，称“同人”。不仅几个人同流合污非同人卦之同，而是凡有偏离天理天道，都非同人所指。

类族辨物：把被认识对象以其本性功用，归于不同族类，使清楚分明，便于记忆，准确运用。

君子以类族辨物，和同以天理天道，首以天理标准，将所有存在按其本性分辨梳理为不同族类，使清楚分明，便于记忆。以顺天理为原则安排运用，便于以天理天道而行。同人之义。

所以需要“类族辨物”，是因世界上唯有人具有认识能力，人的意义和作用就是使世界沿着对人有益方向行进。在世界走向上，人有一定主动权。这主动权就在人对万物之用中。万物本性天然自有，不可改变。人以自己的能动能力，可以对其所作改变，亦只能是顺应其本性之用。就如多次举例，毒药通常对人有害，高明医生用其以毒攻毒，可以治病，救人之命。即使改造对象之天然，使对人有利，亦需顺应其本有之性，才能实现达到人目的之用。即万物对人之益害，虽决定其本性，更决定于人对其所用。此即上述所谓物对人之益害，全在人之用所指。象辞“类族辨物”之意义，之必需，之目的。

启示

要达到准确认知，需要把所涉及对象按功能用途分为不同族类，以按其功能用途安排使用。

同人相关爻象征意义

1. 初九，同人于门，无咎

象曰：出门同人，又谁咎也。

爻辞“于门”，难以分辨于门之内外，象辞“出门同人”，明确非家内而是家外，义为同否无私系，只以才德是否正对情况需要。

无咎，只以才德，自然没有咎过，亦不会有悔咎。

爻象无亲疏远近，只以才德是否合乎情况需要，一视同仁，如此为同以公且广博，自无过咎。

《朱子语类》：“凡一爻皆具二义，吉者苟不如此则凶，凶者苟不如此则吉，如同人于门，须是自出门去与人同，则无咎。若以人从欲，则凶必大。”指易中爻辞“吉”字都含有正反两方面的意义，若是以爻象征情况行动，则获得所期待结果；若违背象征意义行动，则结果相反。

《集解》：“自朝及野，人君之道也。故门无咎，郊无悔，野方亨。”都指无私才能亨通，若行人君当行正道，同人于门外则无咎过，于郊远则无悔咎，于旷野，即无所不同，能发挥所有存在的才德，都得适当任用。能如此自是需要广阔胸襟，更难做到的是必须具有大智慧。没有高于所有存在的见识，如何正确安排运用？能发挥资源才德的范围和程度，就是所能成就功业的范围和程度。根本上，世界的一切只决定于主事者才德。能成就功业决定于主事者才德。世界之首要，主事者才德。

启示

与人同，最重要的是无私无派，无亲疏远近，只以才德为依据。这样才能行事顺利，没有后悔。

2. 六二，同人于宗，吝

象曰：同人于宗，吝道也。

只同于宗党之内，义为有以私牵系，不能大同以公，这样自然狭隘，难能恒久成就大事。凡有狭隘，至少空间时间之一有局限，甚至都有局限。吝，吝啬，太小气了，更谈不上宽广。至于私系所指，有说指九三、初九，有说指九五，各说不一，似乎不必过于纠结。

六二爻在卦和爻中象征意义不同。同人卦中，六二为卦主爻，象征以虚中之明，容天道明天理，从而以“无我”审视所有，准确见到全体，唯才是用，而有卦辞“同人于野，亨，利涉大川，利君子贞”。彖传更不乏肯定之辞。

六二爻辞，则侧重爻位正应九五，亲比初九、九三。九五亦侧重在象征爻位自身，不再象征天理全体。

所以有此不同，仍是缘于易“以象示意”，同一爻有“多重身份”,必有不同象征意义。有学者曾说,读古人之言,要以“同情”理解。“同情”,同以文字所对应情状。读成于三古之《易》,旨在理解所指情况的“易理，易道”。如此而已。

> 启示
>
> 同人时，如果只选择亲属，或者选择小派系中的人同，不能大同以公，视野自然狭隘，选择自然局限，难以成就大事。

3. 九三，伏戎于莽，升其高陵，三岁不兴

象曰：伏戎于莽，敌刚也。三岁不兴，安行也。

同人，义为诸爻心志皆在求阴阳和同。又唯六二一阴，五阳都欲与之同。六二九五刚柔中正相应，最近密。九三以阳居刚，不得中，象征过于刚暴。由处六二九五之间，象征欲先于九五亲比六二。但由于其既不顺理，又不和义，更惧怕九五刚中正之尊，故不敢显发，伏藏兵戎于林莽中，仅止于时升高陵顾望，终究由于既无实力，又不和义，甚至等了三岁之久，终不敢兴兵戎。由九三爻象，深见过刚情状，而爻辞却未言有凶。或许由于其虽犹豫，终究只是限于心理活动，并无外在实际行动，并未实际造成凶的结果。

启示

有非分之想，但能力又不够的领导者，如果能谨慎行事，不发起实际行动，对个人来说结果相对还不算不好。

4. 九四，乘其墉，弗克攻，吉

象曰：乘其墉，义弗克也。其吉，则困而反则也。

乘其墉：墉，城墙，高墙。九四刚不中正，心志亦欲同六二。但与二无应比关系，又有九三阻隔，唯跨越九三才能与六二亲比，称“乘其墉”。弗克攻：不能攻。九四以刚居柔，象性虽刚却行柔，知道不可跨越九三之刚，见困知返。吉，“弗克攻”是合于时势的选择，得可能的最好结果。象辞：其吉，则困而反则也：爻辞“吉”义为跨越九三亲比六二有困难，最终选择了与通过“乘其墉”亲比九二相反的原则。

启示

知难而退，自我反省，这样的人获得吉利。

5. 九五，同人，先号咷而后笑，大师克相遇

象曰：同人之先，以中直也。大师相遇，言相克也。

五刚中正，与六二刚柔中正相应，最为近密，象征同心。五二之同有九三九四二阳刚阻隔，似有极大困难，先号咷。“同人象征上下明天理，以同天理为要为先”，三过刚违道，三岁不兴，只能安行。四“弗克攻”，“困而反则”。最终二五得以中正和同，“而后笑”。大师克相遇：五二之同的相遇，是由合于刚柔中正相应正道。合于正道的力量犹如大师能克胜。关于“大师克相遇”，诸多解释为以行师力胜。由上可见，二三四爻辞都是爻所象征原因，自行退去，未见九五行师。故以“正道的力量雷同大师”解释“大师克相遇”。

启示

九五六二因其合于正道，虽历经艰险，总能相遇，获得成功。

同人卦的提示意义

第一，九五居正位，为上体乾之主，象征天理天道全部准确聚集其中。二为下体离之主，亦同人卦之主。由其虚，内有空间能容；中，准确接收从而能明。

六二九五中正相应，象征所同准确集中了天理天道。天理天道汇聚于人的思想中，通过思想指挥躯体实施，使天理天道实际实现在“地上”，准确解决人所需之中。所同之义大。

同人爻辞，六二提示选人原则及可能缺失，以示警惕。其他五爻都是阐释如何得到六五亲比。即同人卦义和六爻象征意义取向不同。是准确全面理解同人应注意的。

第二，同人唯有六二一阴，虚中，既同人之主，又下离之主。六二一阴为同人之主，蕴含意义最大，象征只要人能以虚中之胸襟，向上容纳天理天道，天理天道就可汇聚于人的思想中，人就与天同，成为天落在在地上的能动实体，使天地实现和同。人是地上之天，地上万物都来争相与之和同。

第三，稍作思考，不难理解，同人这虚中无我，容天理天道之胸襟，不就是古今中外科学家的象征吗？就是他们虚中无我，理解容纳天道真理，使如天方夜谭的神话，雨后春笋般真实实现成科学发明。昨天爱因斯坦是，牛顿是，钱学森先生是……今天水稻专家袁隆平是，屠呦呦是，电磁弹射专家马伟明亦是。就是这些虚中无我之胸襟的科学发明，成就了世界进步。同人似如不着边际的六画卦象，内涵了既大又多的事例确证。从人开始制作工具成为人，到农耕，制作，到今天登陆月球，航天飞行，飞机火车，手机，机器人家政……；乃至即将到来的无人驾驶，机器人手术，等等，……数不胜数的事实，无一不是通过人与天理天道同，实现了人与人不懈升级之同。而这“通过人与天理天道同，实现人与人不懈升级之同”，将永无休止继续，并以越来越高的加速度进行，成就当下不可想象，更不可能以语言表达的同人之同。这或是作易者不可能想象的同人之大义。同人今后所能呈现之大义，既不是我们今人所能想象，更不可能以语言表达的所能明。但这些连想想都不可及的“空谈”，必会成为千真万确的事实……这就是同人以虚中，乐此不疲造就了一个个令所有人之震惊，总在成就的离明之大义……

第四，同人卦的最大意义或是提示人之同，实是通过都同以天理，各自发挥特长之不同，共同实现总体成就合于天理之同。即“和而不同”。不同主体所同者都是天理，所异者各自都同于天理的不同部分。就各自说，都不同。就总体说，共同成就实现了天理规定。这才是同人之大义，周易之大义。甚至可说是人文的最大意义，乃至自然的最大意义，一切的一切，无不如此。

世界所有存在，所同者都属于天理。所异者，各自是天理的不同部分。通过同以天理的不同部分，共同成就天理之大义，也就是中国文化的“和而不同”。世界所有存在无不如此。没有人生病，就不会有医生。患者就医，承担着自己陈述病情责任，病情实际存在，本身属于天理。所有检查是根据天理，再认识病情“天理”的其他部分。医生了解了病情的“天理”，再以其掌握的医术“天理”进行治疗，二者相合，是天理不同部分之和，病情痊愈。其实学生和教师，领导和下属，等等所有相互关系，无不属于天理的不同部分，只有不同之和，才能成就新生。

第五，凡居九五之尊，当时时处处慎独于自己是否为荟聚了“天理天道”之中，即完全准确地荟聚了所任事涉及的所有道理。这“九五之尊”，非特指某位置的主导，当是所有多人参加共同任事的主要责任人。同以“乾，天理天道”的前提是明，即清楚认识，理解，这也充分体现了下卦离中为阴虚的深意。象征凡内在有违“乾，天理天道”者，必须掏空。同人卦上乾下离，虽起于火向上，或在象征凡处九五之尊，必由历经下体虚明者晋升。唯此为中正之应。

第六，同人或在提示人的基本责任使命，就是认识天理天道。这既是作为人的首要使命，也是基本责任。能有这样的意识自觉,才堪称为人。没有这样的自觉,则失去了作为人的资格。

大有

䷍

乾下离上

序卦：与人同者物必归焉，故受之以大有

大有序卦：与人同者物必归焉。故受之以大有。《程传》：夫与人同者物之所归也，大有所以次同人也。

大有卦象“火在上，天在下”，天上之火，自上向下俯视，普照天下。所明者天，大到唯内而无外，无以复加，不能再大。这是大有之义。

大有，以柔居尊：以柔，顺应对象本性，能实现对象具有的本性。居尊，涉猎广泛，而且都有权决定，所以所能具有“大”。居尊执柔，是实际实现大有之道。

同人卦象，天在上火在下，天在外火在内，象虚中之明主体，逐次以事之切要近远急缓，堪任者状态，逐次推进。由此不难理解，天火同人象征主事领导成就功业，以所认识事之急缓，所能胜任先后，逐次择人任事。如此都相互协同，实现最好结果。这是同人之义。故同人之天并非世界全部，而是处理具体事务时应当遵循的道理。

所以同人之“乾”非大有之“乾”。大有之乾是“一切”，

同人之乾只是具体任事所涉及的部分。所以大有或许是永不能实现，却又是在不懈趋近之“有”。

由此，一定意义上可以说，同人是实现大有的过程。大有似如数学上的无穷大，其实际存在只是随时逐次而有。这随时逐次之有就是“同人的结果”。

大有卦象的提示意义:其一，明是具有的前提，具有需先明，不明不可能有。其二，世上最大莫过天理，能明天理，具有天理，所具有最大。其三，居尊执柔，大有之道：居尊，至高权位，关涉对象多。执柔，顺应想具有对象的本性进行任用。所有对象本性不过有三,一是是什么，二是所具有意义，三是所好恶。九五要拥有，获得相应对象，就需要以柔居尊。具体含义，一是主事，二是虚且中。凡欲具有，主事者只能以虚中，掏空自我主观，理解认识对象本性,顺应其本性任用。其四,由上述,大有之要有二，一是内八卦乾，天理。也即主体要大有，需要明天理天道，具有天理天道，行以天理天道。二是六五虚中居尊，居尊具有权位，能作用范围广，可能大有。同时又是虚中，掏空自我主观，以对象本性任用，能实际实现具有。肆意妄想，不可能具有。

卦辞：大有，元亨

彖曰：大有，柔得尊位大中，而上下应之，曰大有。其德刚健而文明，应乎天而时行，是以元亨。

大有，柔得尊位，大中，而上下应之，曰大有：以卦象释卦名“大有”。

柔得尊位，大中：柔：执柔，顺应对象本性安排任用，必能达到目的，获得成功。得尊位，具有安排任用权位，能实际安排任用所有对象。大中：顺应对象本性安排，中。顺应所有对象本性安排，大且中，大中。

而上下应之，曰大有。而上下应之：能明对象本性，顺其本性使用安排，用其所长，避其所短。所有对象都情愿归其所用，归其所有。曰大有：上述顺应天理认识，以天理安排任用。所顺者天理，至大。继而上下都来归应，为其所有。更大范围以天理，良性循环，所具有扩大，大有。意义更大，亦大有。所有这些，都由上离下乾象征，适时明天理，具有适时之天理。这是因果律，是大有之义。

大有象征意义举例。以医生治病说，大有上离下乾，主爻六五以柔顺之体居尊位，象征医生。医生居尊位，治病过程由医生主导安排。以柔顺,所有安排都顺应被安排者本有之性。医生需顺应什么,从大有卦象看,一是病情,二是相应医学知识、医术及其正确应用,这些都是下八卦乾所象征。医生对“病情，医学知识、医术”能以上八卦离虚中之明而具有。继而顺“病情，医学知识、医术”救治，以天理救治，必能成功。由此必然求医患者多，络绎不绝，欲求不得。随之用药多，病愈者多，请求其治疗多，患者，疾病，药品，诊断设备，医护人员，求其加入医院，都归其“所有”，“大有”之义。这是“上离下乾”的大有对医生治病的提示意义。

能如此，则堪为具有救治天理的大有医生，大医生。其内明者天理，所顺者天理。所以能顺，就因其内以虚中能明，掌握具有“病情，与之相应的医学知识，医疗技术，并顺其本性安排运用”，如此必然救治成功。这就是离上乾下，离外乾内的大有卦蕴含的提示医生救治病人的框架。即大有卦象征，只有“病情，相应医学知识、医术”都在医生所明之中，并准确运用，才能救治成功，堪称大有。这大有之“大”就是指医生内在所具有的“病情，相应医学知识、医术”，对医生都是“天理”，医生能对“病情，医学知识、医术”行“柔”，才堪“尊位”。且只有对“病情，医学知识、医术”行柔顺，才能居得尊位。

其实各行各业，无不如此。教师知识面宽广，不仅精通文史，亦精通数理，且理解深透，表述清楚，施教之道大。胜任课程多，随之就学学生，欲聘任职学校，做咨询顾问……，自是应接不暇，越来越多。自身自由选择范围广，持续时日久，归其所有就大。

上述所有，根本由主体内在具有“天理”，所具有“大”，内在具有是根本。外在成就都是内在所具有并运用的结果，根源是内在具有“大”。

启示

世间任何成果的显现是因为任事主体掌握了其所做事情的精要、天道。只要任事主体懂的准确、深刻、广博，“大”，并以正确的方式去实践，就能拥有大的功业、成果。

其德刚健而文明，应乎天而时行，是以元亨。释卦辞“元亨”。其德刚健而文明：其德，以内在具有天理用于解决相应问题，达到圆满结果。刚健，构思方案和执行过程没有任何坎坷阻碍，都顺利。文明：认识和制定方案，以及施行过程，都清楚明白，有条不紊，没有似是而非，含混不清。应乎天而时行：从思想到行为全部过程，都合天理，以天道。任何时空点位所有行为，都准确合乎情况需要，没有任何失当。是以元亨：上述这些，即卦辞“元亨”所指。

启示

周易中的天和时的概念无所不在，要大有，一定要明天道，同时以时行。

象曰：火在天上，大有。君子以遏恶扬善，顺天休命。

火在天上，大有：火在天上，明在天上，天理天道在其明照之内、之下，相应情况及全部天理都在其中。堪为天理真身，大有之义。

君子以遏恶扬善：凡事依情况采取措施。人与其他存在之不同，是所有人天生具有认识能力，并以其认识外在对象。这既是人与其他存在之不同，也是人所共同。人都能如此，都应自觉以此。人与人不同之处有二，一是“内在所具有认识能力”的涵盖范围大小、擅长侧重、认识程度高低、深浅不同。二是不同人以“内在具有能力”解决问题范围程度不同。遏恶，遏制违背天理之恶；扬善，弘扬合于天理之善。善恶以对人类利害为基准，利于人类为善，为害人类为恶。如无故害人为恶，无故杀人更是大恶。故处决无故杀人犯虽是杀人，则是弘扬合于天理之善。高明医生以毒攻毒，亦是“遏恶扬善”。

由此，要扬善，首需正确认识。以行为有利于人类为基准，凡有利于人类者则弘扬,有害于人类者则遏制。做到遏恶扬善，首在人认识把握对象之性，正确运用。为君子之行。

顺天休命:休，义“吉庆，美善，福禄”。休命，美善的命令，政令。

顺天，以对人利害为基准，根据情况制定并实施政令。休命，政令解决实际问题，为民造就福禄，为美善政令。

启示

人要明是非、辨善恶，这是非、善恶基础就是是否对人类有利，是否能造福社会，而不是满足个人私欲，满足小团体利益。

相关爻提示的意义

1. 初九，无交害。匪咎，艰则无咎

象曰：大有初九，无交害也。

大有初九爻辞“无交害”指唯初九与六五无任何关系，不会有相交互之害。

初九，无交害：六五柔得尊位为大有。柔不及远，只作用于近者。九二应六五。九三象征诸侯，承担奉亨六五责任。四、上近比九五。唯初九与五远而无交。大有无交，象征没有与六五相交互之害。

匪咎，艰则无咎：匪咎，大有没有咎过。艰则无咎，处初九环境，不能依靠别人富裕，只有坚守不倚人致富、恪守艰难

才能无咎。本来艰难就很难恪守，如果周围都富裕，只有自己贫穷，更难恪守。凡不能恪守艰难而倚人致富，则为咎过。初九能恪守艰难则无咎。

> 启示
>
> 离权力核心、利益核心较远的人，远离是非，也相对安全。这种情况不倚人致富、坚守艰难、艰苦奋斗会无咎。

2. 九二，大车以载，有攸往，无咎

象曰：大车以载，积中不败也。

大车以载：九二，下卦乾之中，与六五之君中正相应，上承六五所任，下明民众之忧。既受六五倚重，又负民众期待。象征承载天理的大车。有攸往，无咎：以刚中，堪能上下所任而往，措施总合情况，不会有咎过。大车以载：措施正中所承载，能胜而不败。积中不败也：二以刚中行柔中，累积于中都承担。过中，则超越承负不能承载。

> 启示
>
> 九二拥有能担负重任的才能，才能胜而不败，无过错。

3. 九三，公用亨[①] 于天子，小人弗克

象曰：公用亨于天子，小人害也。

---

① 亨为“享”字，古时“享”“亨”“烹”同字，随文义解。

三居下体之上，象征诸侯。九五象征天子，天下至尊。天下所有，包括民众都属于天子，臣属只是代天行事，这是正理。所有官吏都是代天子任事。九三当诸侯之任，所有财富必需奉给天子。这是人臣当守常规。纳为已有，为违纪肥私。由此爻辞为“小人弗克也”，小人不能这么做。

象辞“小人害也”，据为己有是小人的灾害。小人未将财富奉献给君王，违背正理，会受到惩罚。

启示

诸侯是国君利益的守望者，如果诸侯未将财富奉献给君王，违背正理，会受到惩罚。

4. 九四，匪其彭[①]，无咎

象曰：匪其彭，无咎，明辨晰也。

九四，匪其彭，无咎：大有九四象征大有已过中，过于丰盛。能把非自有财富上交君王，没有咎过。不交则为咎过。

象曰：匪其彭，无咎，明辨晰也：九四能明辨财富是否应属于自己，并正确处置，没有咎过，能明辨是非。

启示

九四要能明辨哪些财富应属于自己，并正确处置，才能没有过错。否则，会因为想占有财富而给自己带来灾难。

① 匪其彭：匪即“非”，不是。彭，财富过盛。“匪其彭”，这些财富不是自己的。上交君王，则没有咎过。

5. 六五，厥孚交如，威如吉

六五以虚中处大有之尊，象征能以孚信与下属交往，具有相应威信，国家能实现大有，吉利。厥，其;孚，诚信，信任;交，结交，交往，交情；如，像，相似，样子

象曰：厥孚交如，信以发志也。威如之吉，易而无备也。

厥孚交如，信以发志也：爻辞“厥孚交如”意为六五以君位之尊，虚中孚信之诚，执柔守中，与下属交往，下属自然尽职尽责，成就大有的心志。

威如之吉，易而无备也：六以柔中居大有之尊，上下皆阳刚，爻辞“威如吉”示意六五必以适度威严，而不过柔。预防上下阳刚轻率怠慢，不能严履使命。

> 启示
>
> 周易无处不在提醒因时而宜。当领导周围的人皆阳刚能干时，领导者要有适度威严，不能过于柔顺，预防上下轻率怠慢，不能严履使命。

6. 上九，自天佑之，吉无不利

象曰：大有，上吉，自天佑也。

大有上九蕴意最深。《程传》和朱熹《本义》都认为由六五有文明之德，上能降志顺应。只是六五处君位，有谁为其上？只能是太上皇。太上皇只是虚名，无任何实际意义，否则也不会成为太上皇。还是孔子著系辞传“天之所助者顺，人之所助者信。履信思乎顺，又以尚贤”所见准确。

上九爻辞“自天佑之，吉无不利”和象辞“大有，上吉，

自天佑也”，皆由六五以柔中履大有刚中正之尊，行以爻辞“厥孚交如，威如”，及象辞“厥孚交如，信以发志也。威如之吉，易而无备也”所指意义。六五以柔中正之孚诚信守，感通上下；又以“威如”提醒上下切勿“易而无备”，从而才能有上九爻辞“自天佑之，吉无不利”和象辞“大有，上吉，自天佑也”。何谓“天佑”？都是人所行能否准确合乎所处情况。“自天佑之，吉无不利”和象辞“大有，上吉，自天佑也”，都是九五爻“厥孚交如，威如”的结果。

至于六五爻所造就结果，由上九爻辞象辞明示，或许更有深意。大概示意六五所行，会万古流芳，永无止境。即凡能以柔中正履大有刚中之尊，都会有“大有，上吉，自天佑也”的结果。决不会终于当朝当代，更不会终于六五之时。凡大有之世，当是柔中居尊；凡柔中居尊，只能行以“厥孚交如，威如”。唯此才有上九“大有，上吉”的结果。至于“自天佑也”，是天理佑助大有六五行以“厥孚交如，威如”，而有上九爻辞“自天佑之，吉无不利”和象辞“大有，上吉”流芳百世的结果。

处于领导地位的国家管理者如果能够以柔居尊，以虚名之心对待天理，行以天理，尊贤为大，以信任启发下属尽心尽责，这样的领导者能成就伟大的功业，甚至可以万古流芳。

大有的提示意义

第一，《易》于同人卦后设大有卦，或在提示同人和大有的关系。大有是具有所有情况的天理，人或人类期待的终极目的，却又是不可实现的目的。以火在天上为象，象征期待站在情况之上，以己虚中之明俯视容纳而具有所有情况的天理。但这不是现实，而是期待，是人类永在努力，逐步接近，永不可达到的目的。

同人以上乾下离为象，人在下，以虚空仰视容有所面对情况的天理。故同人是人生可实现的现实，每个人都在不懈实际为之的现实事实，也是实现大有目的之道。逐个解决所面对情况的问题，逐步具有所面对情况的天理。一个个具体情况的天理逐次容于心里，逐次大其所有。人生都是通过同人到大有，人类亦是前赴后继通过同人实现大有。同人和大有都是人生之道，是人的责任和意义，及如何实现人的责任和意义的人生之道。大有是人永远在努力，又永远不能具有，却又不能放弃之有。所以如此，或就是因为具有，同时开创了新局面，生出新问题，……这既是所有人的人生，也是人类明知不可为而为之的生命过程。

第二，大有卦象，内乾外离，内有乾德，外明事理。由内有乾德,所以外明事理。内外皆为其所有。乾德即元亨利贞，根据情况变化制定应对措施。元亨利贞是谋划原则,很有意义。首要是根据情况制定措施，情况是具体存在，无定制，只能调查研究。

第三，“遏恶扬善，顺天休命”是大有重要内涵。

唯能遏恶扬善，才能大有。大有是遏恶扬善之果，遏恶扬善是大有之道。善恶以行为顺逆所涉对象本性为准则,标准。行为顺应所涉对象本性为善，反之为恶。遏恶，遏制违背对象本性行为；扬善，弘扬顺应对象本性行为。即如上述所谓“剧毒毒药”或“营养品”之用，所以有“剧毒”或“营养”之结果，都是使用者顺应还是悖逆所用对象本性。结果好坏不在对象，而起于人认识决定的行动。由此只能回到述之不尽的所具有学识才德水平。

顺天就是顺应乾道、天道，即对所涉对象先天所具有本性之运用，也即因果律。以所面临问题为基准，能以顺应处理所遇问题的天理规定为准则，使能达到预期结果。为顺应上天美善天下之所命，命令、规定。

第四，大有本旨，是所有至大，具有天理天德。大有内在所明乾德为原则、根据，谋划处理问题的措施。只要了解所面对情况，具有相应于情况的乾德（所谓“具有”必须包括正确运用，并非马谡论兵），会达到预期结果，从而取得新成功，能扩大所具有，是由具有天理天道，大有之义。加大而具有了天赋大德之成就，非指巨大财富，何况“财富”乃身外之物，非内在具有。认为拥有“巨大财富”为大有，是彻底的误区，扭曲，无知。但却不乏如此理解者。凡有如此理解者，或更当认真自我审视。一审视财富来源，二审视其所有施用，三审视“所有”前后自我思想行为改变。唯有来于顺应天理天道，才是大有之果。

谦

艮下坤上

序卦：有大者不可以盈，故受之以谦

有大可能盈满，故以“谦”警示“不可盈满”。

古时“谦”有四解“敬，让，致恭，不自满”，四者不尽同，“敬”“致恭”近同，专心致志。“让”，退，宁可不及，决不过分。“不自满”，不懈认识自我，凡有不及积极弥补，都是警示“有大可能盈满”，需“谦”，不能自满。

谦“外坤顺，内艮止”的象征意义：外坤顺，外在行为顺应所处情况，以外在情况需要行“牝马之贞”，解决需解决的问题。内艮止，内在智慧能力当如高山，一是具备并提供解决问题所需见识和能力。二是提供见识和能力，问题解决即止，再无其他欲求。才德能力如山之高峻，却只是一意解决问题，再无其他，问题解决立即艮止。

卦辞：谦亨，君子有终

彖曰：谦亨，天道下济而光明，地道卑而上行，天道亏盈而益谦，地道变盈而流谦，鬼神害盈而福谦，人道恶盈而好谦。

谦尊而光，卑而不可逾，君子之终也。

谦亨，天道下济而光明，地道卑而上行，天道亏盈而益谦，地道变盈而流谦，鬼神害盈而福谦，人道恶盈而好谦：释卦辞“谦亨”。

天道下济而光明，地道卑而上行：天道下济而光明，直义，阳光照在地上，地上光明。人修习“天理”，学问才德，理解明白天理，心底光明。地道卑而上行：直义，地上万物顺天时生长，上行。人法地道，修习实践提高任事技能，实际做成当任之事，地道卑而上行。

天道亏盈而益谦，地道变盈而流谦：天道亏盈而益谦，天道亏盈，日出日落，月圆月缺；升有落，出有没，交替轮回。地道变盈而流谦：直义，地上事变，诸如洪水，地震，冲撞等，凡涉及地上之物，都是自高处坍塌向低处。人任事实际做成，变盈。情况改变，又不知当如之何，必须回到对情况谦卑，流向谦卑了解认识情况。

鬼神害盈而福谦，人道恶盈而好谦：“盈”都指自以为是，无视情况而妄为。“谦”，认真调查了解，基于情况，以因果律制定措施，继而实施，多能实现预期结果。

无论是鬼神还是人，凡自以为是，肆意妄为，必失败。凡能认真把握情况，顺应情况制定措施，多能实现预期结果，成就福庆。

启示

天道亏盈，日月交替，人不会总是有盈无亏。对人来说，凡自以为是，肆意妄为，必失败。凡能谦虚调查，认真把握情况，制定措施，多能成功。

谦尊而光，卑而不可逾，君子之终也：谦尊而光，对情况谦卑，以所认识情况采取措施，能解决问题。光大，光显。卑而不可逾：对情况谦卑，顺应其制定措施，多能解决问题。作用和意义高大到没有什么不可逾越，更不可替代。君子之终也：说起来简单，实际唯具有如何任事见识的君子，才总能自觉认识情况，以才德谋划获得可能最好结果的措施，继而以之实际做成。

启示

君子总对情况谦卑，以所认识的情况采取措施，就总能实际做成，解决问题。

象曰：地中有山，谦。君子以裒多益寡，称物平施。

地中有山，谦：何谓谦？“地中有山”，隐藏见识能力，使不得见，为“谦”。

君子以裒多益寡，称物平施：由此，君子选人任事以“裒多益寡”为要，“裒多”，对所认识对象，裒除其无实际意义的表面虚华，认真见底其真实才学。“益寡”，深入认识，补益其本有而未能见底的才德。“称物平施”，以才学所能胜任施与，安排责任。

启示

君子要不断深化认识，对人对事要准确评价，要按人的才能分配任务，安排责任。

相关爻象征意义

1. 初六，谦谦君子，用涉大川，吉

象曰：谦谦君子，卑以自牧也。

爻辞“初六，谦谦君子，用涉大川，吉”，意思是初六所以得“谦谦君子”美名，并能“用涉大川，吉”，是因为初六总能自我约束，凡事慎重，以卑顺求安全，不争先。

谦谦君子：初六以柔居谦最下，艮止最下，象征以柔艮止于谦下，止于谦中之谦，堪称谦谦君子。

用涉大川，吉：“用涉”和“利涉”不同。“用涉”一是未必立即用，需用时再用。二是初六谨慎之至，凡事谦后，涉及险难时以平稳为宜，在情况较平稳，出问题概率小，判断不定，以安全为要义时用。由于初六总是谦后，出问题概率低。即使遭遇险难也是最后遭遇，不可避免时，能少遭遇，最后遭遇，也是吉利。“利涉”是情况较明确，用其成功概率大。“利涉”主要指认识，“用涉”主要指谨慎谦后。

> 启示
>
> 君子谦虚谨慎，总能自我约束，在遇到艰难时，出问题的概率会降低很多。

2. 六二：鸣谦，贞吉

二以柔顺居中得正，象征谦德积于中，中正于谦，故云“贞吉”。

象曰：鸣谦，贞吉，中心得也。

所以称“鸣谦，贞吉”是爻象征其“中心得”时之“贞”，因而“吉”。六二是由于其真心得“谦之贞”而吉祥，得到众人称赞之鸣。这称赞，并非六二自己夸耀自己得“谦之贞”，而是众人称赞其得“谦之贞”。

> 启示
>
> 君子真心诚意地柔顺谦和，会得到众人称赞，也会得到吉祥。

3. 九三，劳谦，君子有终。吉

象曰：劳谦君子，万民服也。

九三有功劳而不自居，堪称君子，万民敬服。

九三，劳谦，君子有终：三以阳刚之德统五阴，处下体之上，为君所任，众所从，象征有功劳能谦巽至终。吉：指君子能劳谦至终，而享有劳谦君子美誉。

> 启示
>
> 有功劳而不自居，能始终谦逊的君子，必能获得吉祥。

4. 六四，无不利，撝谦

四以柔顺居坤之正，对上以恭畏之心侍奉谦德之君，对下以卑巽之心礼让劳谦之臣。动作施为无不利，总在施布谦德，称撝谦。

象曰：无不利，撝谦，不违则也。

六四谦虚做事并非为取悦他人，对劳谦之臣巽让是因其有大功。以此，六四不仅无拓功嫉能之心，却获扬功称善之美。

其所行都顺应其当守之则。

启示

对于处于高位的领导者，以谦虚对待上下，就不会不吉利。

5. 六五，不富以其邻。利用侵伐，无不利

六五不富以其邻：以，表示目的，“获得，具有”之义；如“以广视听”等。“邻”，有相近关系。阳为富，阴为贫。世上财富最易聚人，凡富多得众归。富能获得邻居的支持为常理。九五不富但能获得邻居的支持，是因为九五以谦处尊。三四皆为五之“邻”，都支持九五，则三之功即五之功。四之无不利都有利，即五都有利。

利用侵伐，无不利：君道不可只尚谦顺，六五以柔顺居尊，故提示有时需用侵伐，适时树立威德，尽君道之宜，才能无所不利。以此明示六五之君谨防过谦。对不服文德谦巽者，则以威征伐。不如此，何以平治天下。只以谦，非治天下中道。

象曰：利用侵伐，征不服也。

利用侵伐，是征讨对文德不归服者。

启示

君王以谦处尊，虽然财力不雄厚，也能获得邻国支持。但君王也要谨防过谦，可以征伐不服文德者，建立威望。

6. 上六，鸣谦，利用行师，征邑国

象曰：鸣谦，志未得也。可用行师，征邑国也。

上六，鸣谦：六以顺德居亢位，切望只以呼号行谦，令天下归附，故“鸣谦”。自鸣其谦，总在呼号“我行谦！我行谦……”。“志未得”：终究不得归服。利用行师，征邑国：可用行师，征服私邑之国。私邑之国，理当归服而不归服，故“可用行师”。

启示

作为领导者，一直行为谦虚，但仍然有下属骄傲不服，可以对其进行惩罚，这对领导者有利。

谦卦当有的认识

第一，谦卦象辞，只以两八卦卦象释卦义，未以两八卦卦义释卦义，是很大的缺失。上坤之义并非低下，而是顺乾，易的核心，象征具有实施乾所制定方案的能力，最不能忽视。二是艮义不仅指山之高峻，更在有止义。

第二，谦卦于大有之后，大有根本不是有多，而是有大，具有天德，这是大有之义。因为具有天德，才能有多。由此大有之后的上坤下艮，更必须重视，其外卦坤主要的意义不在地的处下，而在能行牝马之贞，具有与乾德相应的能力。

第三，艮卦以山为象，主义在能止。总之谦卦由忽视两八卦卦义，只以卦象，存在不少淡化根本，牵强附会。

第四，为人处世谦虚谨慎、自我约束，以谦虚对待上下，遇到不确定的情境出问题的概率较小，个人也会相对顺利。

第五，但周易非常讲究无可无不可，因时而宜。如果领导者以谦虚待人，下属或者合作伙伴骄纵不服，进行适当的惩罚，对领导者有利。

豫

䷏

坤下震上

序卦：有大而能谦必豫，故受之以豫。承二卦之义而为次也

程颐又有“豫者，备豫也，逸豫也。事豫故逸乐，其义一也。”义为“豫”有“备豫”和“逸豫”，二者不同。凡事根据情况，以因果律制定欲解决问题的方案，继而执行方案，达到目的。根据情况制定方案是“备豫”。方案能解决问题，达到目的，获最大可能收益，从而“逸豫”。“逸豫”是执行“备豫”方案的结果。

实际上，在“备豫”和“逸豫”之间还有个更重要的“和豫”，即制定备预方案，以合理安排资源为原则。备预方案能获得结果，与资源使用安排紧密相关，“用其所长，避其所短，用得其宜”才有可能取得最好结果。不得其宜，结果不可能最好。故制定备预方案其要有三，一是根据情况解决所面对问题，二是以收益成本比最高为原则，三是按上述原则安排资源。

唯有备预方案以最大可能，用所有资源所长，避其所短，才能实现上述目的而愉悦。由此不难理解，“和豫”是总体权衡，

所有资源都用其所长,避其所短。也就是“和而不同”。所谓“总体权衡”指个别具体资源未必用其所长，但凡调整则收益成本比降低。这是原则和目标。能否实现，实现情况是水平问题，而有无这自觉是是否称职问题。

卦辞：豫，利建侯行师

彖曰:豫,刚应而志行。顺以动,豫。豫顺以动,故天地如之,而况建侯行师乎！天地以顺动，故日月不过而四时不忒。圣人以顺动，则刑罚清而民服。豫之时义大矣哉!

豫，刚应而志行，顺以动，豫：以卦象征意义释卦名。

豫，刚应：豫卦象“刚”得到众阴顺应。刚指九四，上八卦震之主，九四动，首先是六五上六顺应卦主九四动，随之下八卦坤三阴顺应。九四动，上下五阴爻都顺应。豫卦象是只要阳刚九四动，上下五阴爻都顺应。

而志行：如此，九四动之志必能得以施行，因为都顺应，没有不顺应。

顺以动，豫：五阴顺“以”九四之动。九四如何动，上下五阴都跟随顺应动。这就是豫卦的象征意义。豫卦象就是九四一阳如何动，五阴随之顺应动。

豫顺以动，故天地如之，而况建侯行师乎！

豫顺以动：豫卦象征九四一阳动，六五上六动，上卦二阴爻都以阳刚九四之动而动，天动。

故天地如之：继之下卦坤三爻顺上卦震动，象征天地乾坤都动，天地如之。

而况建侯行师乎：天地广大无所不包，不过坤顺乾，阴顺阳，何况建侯行师。人事事件建侯行师，虽残酷重大，相对天地无所不包，简单多了。

天地以顺动，故日月不过而四时不忒：天地都是先有以所遵循的因果律。如太阳与地球，地球与月球等都遵循万有引力定律等备预“方案”，后以“方案”规定动，从而日月所行从无过越，春夏秋冬四时从未出任何差忒。

圣人以顺动，则刑罚清而民服：圣人以“顺民意”为原则的“因果律”制定法律制度。民众必然顺从执行，得以施行。

豫之时义大矣哉：由上述可清楚认识到，任何集体，先以足够时间以顺民意的原则，制定法律制度，绝大多数民众自然遵从，从而社会依序运行，意义太大了。事先以足够时间制定顺民意的制度规定，普适于所有情况，所有时代，所有问题。

启示

做任何事情，都当以合民意为原则，预先制定行动方案，使行有定则，行以定则，必能达到预期目的。

象曰：雷出地奋，豫。先王以作乐崇德，殷荐之上帝，以配祖考。

程传：雷者阳气奋发，阴阳相薄而成声。阳始潜闭地中，及其动则出地奋震。始闭郁，及奋发则通畅和豫，为豫。坤顺震发，和顺积中而发于声，乐之象。先王观雷出地而奋，和畅发于声之象，法之作声乐，以褒崇功德，其殷盛至于荐之上帝，推配之以祖考。殷盛，礼有殷奠谓盛。荐上帝配祖考盛之至。

雷出地奋，豫：雷警示提醒万物复苏，大地将奋发作为，生出万物，继而生长，繁茂。卦象，雷顺天时而动，提示凡有行动必适时，如雷发于回春之时。

先王以作乐崇德，殷荐之上帝：开国之王，平民成王，大智大德。以殷盛乐章崇扬昊天上帝。

以配祖考：守成后王，动止适时以情况制定措施，以堪配开国先祖成就开国功德。象辞“以配祖考”，指守成后王唯有法开国先王，动止以时而成功，才不负开国先祖功德。

启示

不同领导者有不同的历史责任，后辈领导者要效仿前辈领导者以时而动，才能取得巨大功业。

六爻的意义

1. 初六，鸣豫，凶

鸣豫，处豫时发出声音。初以阴柔居下，正应九四豫之主。象征不中正小人为上级宠信，志意满极，不胜豫悦，轻浅到发出声音，必致凶。

亦有释者说，九四一阳虽正应初九，二三于初上，更近于四。初六应九四可能晚于二三，急于求应以鸣。易以阳唱阴应为常，初阴先鸣必然凶。也算一说。

象曰：初六鸣豫，志穷，凶也。

初六求上心志强烈到穷尽，不能控制，不由自主呼号，浅显如此，不可能达到目的。

启示

没有才能却获得上级宠信的个体，如果不能自我约束，低调行事，相反却自鸣得意，结果必定为凶。

2. 六二，介于石，不终日，贞吉

组织不以制度限制奢靡，必追求安乐泛滥如洪水奔泻，无可收拾。这是天理。

豫唯有六二中正无应，象征所行总正中天理，天理就在其心里。故行以天理，坚介如石。

象曰：不终日，贞吉，以中正也。

爻辞“六二，介于石，不终日，贞吉”，义为天理就在六二心里，行止总正中是时天理，坚确如石，无差失。

孔子著《系辞传》赞赏六二“见几”称：“知几其神乎！君子上交不谄，下交不渎，其知几乎？几者动之微，吉之先见者也。君子见几而作，不俟终日。易曰：介于石，不终日，贞吉。介如石焉，宁用终日，断可识矣。君子知微知彰，知柔知刚，万夫之望。夫见事之几微者，其神妙矣乎！”

“上交不谄，下交不渎”由“知几”；“几”乃“动之微”，二所以“吉”，就是能见“动之微”，以之“而作”，坚确“如石”，故“断可识”，何须“终日”。

人终生当为，不过适时认识并施行。欲“适时”，则需“知微知彰，知柔知刚”；从而“断可识”而行，何需“终日”，而为“万夫之望”。这就是“见事之几微”，“其神妙矣乎！”

不知而作，非过即不及，乃至肆无忌惮，不着边际，谄媚上，渎慢下。故人生至要在见几。几，动之微。吉凶得失始端。未著能见，见则施行，何以有凶。人生不过见识情况，制定措施，继以执行。由“易之门”的乾坤相继，实践着“宇宙代数学”的“易”。所有这些都不过上述“见几”继之以“作”，未见而作是妄为。见而不作，坐而论道，不会有实际结果。都非人所当行。

启示

君子的心里有天理，非常坚定，所以所行均合天理，不终日追求享乐，必能吉祥。

3. 六三，盱豫，悔。迟有悔

盱豫，有悔，位不当也：三以阴处刚，承亲比九四之任，但本性柔缓，仅限于睁大眼睛眺望，无实际行动的盱豫，不堪其任，终不得亲比。堕于行动故有悔。

启示

君子处于有利位置，但也一定要实际行动，才能获得领导者赏识。犹豫不已，行动迟缓，一定会后悔。

4. 九四，由豫。大有得，勿疑，朋盍簪

由豫，大有得，志大行也。豫义有三，备豫，和豫，逸豫。九四为豫之缘由。

大有得，勿疑：仅九四一阳，豫之主。五阴都欲亲比，而得亲比，“大有得”，勿需怀疑。

既勿需怀疑九四对能成就“备豫，和豫，逸豫”三豫的努力，亦无需怀疑其终能成就三豫。大有得。朋盍簪：虽初二距四遥远，亦没有问题。四以如“朋盍簪”汇聚五阴，统领五阴，相互亲比成和豫。志大行也：五阴通过九四实现天下亲比。六五只能凡事通过九四,九四掌控天下之志大得施行。

启示

九四是国家的中流砥柱，是欢愉的缘由。对国家的中流砥柱，不需怀疑，跟着他，必然能有大的成就。

5. 六五，贞疾，恒不死

象曰：六五，贞疾，乘刚也。恒不死，中未亡也。

五以柔居尊，才不堪任，力不及事。当和豫之时，凡事皆由九四，由四成和豫，五凡事必由四。居尊不能任事，像总有疾患，且恒久以此而不死。长期处尊不堪其事之义。

贞疾，乘刚也：爻辞“贞疾”指贞于有疾，总处疾患状态，不能履行当履职责。

乘刚也：所以不能履行当履职责，由其乘刚。与所任事间隔着阳刚臣属。虽为臣属却强行代上行事。

恒不死，中未亡也：“恒不死”，义为所享尊号尚存，未被废除。所以未被废除，由九五所行，正中尊而不任事。

六五贞疾者，尊位职权已亡。未亡者尊位名号。所以尊位名号未亡，由其所行“正中尊而不任事”之位。

启示

国家如果出现非常能干的下属，处于尊位的国家领导人只享受尊位而不实际做事，虽然个人不得志，但相对安全，无性命之虞。

6. 上六，冥豫，成有渝，无咎：

冥豫在上，何可长也：冥，昏暗，模糊，虚幻状态。阴柔居豫极，躭肆于乐豫，象征昏冥于乐豫至极，迷不知反。昏冥虽成，易凡终多有变，上又动体，象征也可能渝变。易主导思想之一，重在劝勉迁善之变。上六虽冥豫已成，若能变则善，可以无咎。

启示

人们一旦过度沉溺于享乐，就很危险。如果能及时意识到享乐带来的灾难，改变自己的行为方式，就能减少后悔。

豫卦提示的原则意义

第一，凡有行动，当预先制定制度规定。

第二，制定制度以合因果律为原则，如此自然顺民心。因果律，欲达到什么目的，需准备与之相应的条件，可以通过事先进行逻辑推演制定。

第三，凡有行动都当有预定方案作为制度。制度规定必以因果律为原则，准备以欲达到目的相应的条件。如此自然

“顺民意”，条件具备，目的即可实现。这些可以逻辑理论推演完成。这当是豫卦的内涵，也是豫卦的意义，适用于所有重大行动。

第四，豫卦和小畜都是事先制定行动方案，但有差异，小畜所美懿是乾道，非常宽泛，主要指总体长远规划方案。豫卦是针对具体情况，较具体。

震下兑上

序卦：豫必有随，故受之以随

预先有可行方案则成功。成功必愉悦，成功愉悦而有随者，由此《易》于“豫”后安排“随”卦。

随卦象征意义有三：卦象震内兑外，内动外悦，内动合乎所处情况，能达到目的，对外有益，故外悦。卦象雷内泽外，象征雷震在泽中，泽中水必随雷震波动。以自然现象晓示人文意义，人有行动，必引发周围感知，周围人思考应对措施并以致行动。震之成，由外八卦乾上九下到内八卦坤之初，成初九，内卦为震。内八卦坤之初六，升至上八卦成上六，上八卦成兑。上兑下震，称随卦。内震外兑，内动外悦，象征内动以外悦，使外悦。

卦辞：随，元亨利贞，无咎

彖曰：随，刚来而下柔，动而悦，随。大亨贞，无咎。而天下随时。随时之义大矣哉！

随，刚来而下柔，动而悦，随：随卦之成，及其结果，序卦已释。

大亨贞，无咎：释卦辞“无咎”。

大亨贞：随卦辞“元亨利贞”，能使外在愉悦，外在自然跟随，同心协力，能亨通。但使外在愉悦原因，至少需所动既合乎环境需要,且不能伤及无辜,即所动为“贞”,才能随之持久，总亨通，大得亨通。

不合环境需要，不能解决环境需要解决的问题，即使说得天花乱坠，只能蒙蔽一时，不会亨通。若伤及无辜，终究会遇到阻力，或引发纠纷，不会亨通。“贞”所指。雷在水中，水随之动，无乾卦开创新局面之“元”义。只是“大亨”，波及范围逐渐扩大。

无咎:措施“贞”，既不伤及无辜，又大得亨通，自无“疚过”“悔疚”。

而天下随时：随卦核心。

天下随时，虽是泛指，确是千真万确的通理。“时”，所处环境情况总称。随时，随情况采取措施，措施适合情况，能解决问题，达到目的。对具体行动，不能盲目贸然肯定或否定。合于时之宜，即解决了所处情况的问题，为有利。不能解决面对情况的问题，即使未造成新问题，也是白忙活，同样是害。如造成新问题，更不必言，是生出了更多害。利害与措施合与所处环境的情况紧密相关。任事都当“随时”，措施合乎环境需要，能解决问题，成本最低，结果最好。

随时之义大矣哉：凡事随情况调整措施，“随时”之义。有“随时”的自觉意识，并能实际做到“随时”，意义太大了。

再没有比自觉有意识“随时”意义更大，更重要。专以经验不行，专以本本也不行，刻舟求剑必败无疑。只有随时，只能随时。有随时自觉，做到“随时”，是最大的智慧。

启示

人凡任事，首当弄清情况，继以因果律，根据预期目的，谋划并准备所需条件。实际实施就是逐一准备条件。只要所认识情况和预期目的合乎实际，准备条件措施能实际实现，则能达到目的。“随时”是《易》的首要思想原则。也是中国文化对人类的重要贡献。学《易》的首要和核心就是自觉于“随时”，凡事都以“时之宜”。

象曰：泽中有雷，随，君子以向晦入宴息。

随卦以“泽中有雷”，以泽水随雷震波动为义，一提示所有行为的作用和意义都不只限于自身，会引发周围环境变动。二是处理所有问题的行为亦都会产生与之相应的结果，故只有措施与情况需要适宜，才能解决相应问题。三是措施是可以根据因果律，即所谓天理预先谋划的。人对此具有相当能力，其决定因素一是对情况把握，二是所具有才德见识。

君子以向晦入宴息：最平常普遍的“随时”。晦，昏暗，不明。向晦，走向昏暗，越来越不明。入宴息，宴，美餐，好的饮食。息，停止工作，歇息休养。直接意思是，到傍晚，既已看不清，又饥饿时，则当停止工作，补充营养，养息精力。引深晓喻凡有不能解决的问题，必是或未清楚掌握情况，或者才德不济。

应当停止工作，进一步了解情况，并且根据情况所需，增益才德见识。

君子以向晦入宴息，释“天下随时”，义为凡有向“晦”，则随时——根据情况入“宴息”。“宴”，补益营养，增益才德所不济。“息”，养息精力，解除困惫，唤醒既有才德，使发挥作用。

启示

凡有不明，且越来越晦暗，不能随时入宴息，不仅工作毫无进展，而且会波及到身体。

随卦相关爻的提示意义

1. 初九，官有渝，贞吉，出门交有功

象曰：官有渝，从正吉也。出门交有功，不失也。

初九：随初九，内震体，随之主，亦震之主，震义动，动必有随者。

官有渝：官，官位。相当于现今的“职务”，“工作岗位”。渝，改变，变动。工作有变动。

贞吉：贞，永正，所采取措施总能解决所处情况的问题。吉，能实现期待的结果。贞吉，所采取措施总能解决所处情况的问题，获得预期目的。

出门交有功：出门，走出家门。出门交，不在家内结交，结交不以私情，只以情况需要。交，既包括任人，更广泛指如何任事的做法。“官有渝，出门交有功”，工作有变化，恪守“只

以情况需要为原则”任人任事，必会达到可能的最好结果。

启示

领导者的职位发生变化，对新职位的情况不了解，就需要走出门去，结交对职位有了解的人，体验一线疾苦，才能不出现失误。

2. 九五，孚于嘉，吉

象曰：孚于嘉吉，位正中也。

孚，实信。嘉，最好。孚于嘉，总是实心实意以正对情况需要采取措施。吉，得到最好结果。九五阳刚居中正君位，象征最高领导总是实心实意以正对情况需要采取措施，自然会达到最好结果。

象曰：孚于嘉吉，位正中也。

九五凡事总是实心实意以正对情况需要采取措施，达到可能的最好结果，由其居九五正中君位象征。

启示

组织最高领导者，要能实心实意地膜拜真理，就能吉祥。

3. 六二，系小子，失丈夫

象曰：系小子，弗兼与也。

“小子”年轻人的俗称，如现在俗语“小伙子”；指初九。六二亲比初九，象征有牵系。初九无位，象不定性，感情说变就变，靠不住。失丈夫：六二正应九五，象征丈夫。女人牵系小伙子必然失去丈夫，这是显而易见的道理。

象曰：系小子，弗兼与也。

“系小子”是爻辞“六二，系小子，失丈夫”的省略语。弗兼与也：与，义“顾”，“有”；弗兼与也，两者不能同时兼顾，只能具有其一。

> *启示*
>
> 组织中领导亲近小人，就会失去正直人士的信任。领导者一定要亲贤臣，远小人。

随卦的提示意义

第一，天下随时，既是随卦提示，亦是周易核心思想。一切都根据所处情况，首先认识把握准情况。能凡事自觉随时，则近于具有了大智慧。

第二，“随”具有普遍意义，但不能盲目。盲目跟随，随不当，则失败。刻舟求剑的故事也是随，随正在行进的船上所刻印记，寻找沉下水底的宝剑，是最有意义的随而不得之的比喻。

第三，天下当随者极其普遍，随“时”为要，为首，最广泛。随学问才德，随圣贤更具体。

第四，“随”是普遍存在，无不“随”之人，之物，之事，关键是随其“宜”。

蛊

䷑

巽下艮上

序卦：以喜随人者必有事，故受之以蛊。蛊者，事也

以喜随人者必有事，故受之以蛊：盲目随从，不考虑情况，多出问题，生出坏事。常理。

《程传》：“蛊字非训事，蛊乃有事也。”“蛊”字本无“事”义。为皿中生虫，蛊坏。处理不当，导致败坏，生出坏事。无视情况，盲目不经心生出坏事。以此提示随从当根据情况，不能盲目。是否随从只根据情况，根据因果律。

蛊卦上艮下巽，象少男在外，长女在内。长女诱惑少男。古时认为属乱其情，生出疾痼坏事。又象征事自内出，亦指家事国事内积弊败。

卦象风薄击高山，被山折回，吹乱万物，搞乱秩序。

蛊坏需治理，亦为蛊卦所象之“事”。蛊卦揭示了治蛊之道，治蛊所需才德及程序。

卦辞：蛊，元亨，利涉大川。先甲三日，后甲三日

彖曰：蛊，刚上而柔下，巽而止，蛊。蛊，元亨而天下治也。利涉大川，往有事也。先甲三日，后甲三日，终则有始，天行也。

蛊，刚上而柔下，巽而止，蛊：蛊自泰卦卦变而成。泰阳刚初九到上九，成上卦艮止。泰上六下到初六，成下卦巽。上艮下巽为蛊，象征山下有风，风吹万物，被高山阻挡折回，散乱秩序，蛊坏之义。

蛊，元亨，而天下治也：虽蛊坏，亦有“元亨，而天下治”可能。“元亨，天下治”，更指“天下治”的局面多由成功治理蛊坏而形成。严格说“蛊”“元亨”“天下治”只是相对意义，难有绝对标准。

利涉大川，往有事也：卦辞“利涉大川”，指凡有蛊坏，必须治理，不能回避。如商初思想家伊尹所指：“弗虑胡获，弗为胡成”。“虑”，思考，谋划。“胡”，怎么，如何。大意是，未思虑谋划如何能获得，就不可能实际做。不实际做，怎么能有实际成就。

凡事都合于因果律，为儒家一贯思想，诸如“君子谋道不谋食”，“利者，义之和也”，由此决定了，人之任事程序一是掌握情况；二以因果律谋划制定行动方案，即小畜懿文德，豫卦“备预”等；三是以方案实施。

先甲三日，后甲三日：治理蛊坏需要思虑因果。甲，十天干第一位，事之始。先甲三日为十天干上周期“辛”日，比喻治蛊为“更新”，没有实例效法，需要以天理思虑、推究，考

察再三。后甲三日为“丁”日，比喻治蛊欲达到之将然、结果，需“叮咛”再三，分别指“革除已有旧弊”“考量更新结果，包括向有关人员说明解释”等，都需慎重，才不会因躁切导致失误。“先甲后甲”以致“三”，义为思虑慎重周详，推究深远。考虑前因后果至于“三”，慎重使周详之至之义。

终则有始，天行也：终，结果。始，开始。结果如何，首先决定于开始。要有好的结果，需准备相应条件。有什么条件，则有与之相应结果。要获得条件，需思虑谋划再三。即如孔子所言“君子谋道不谋食。耕也，馁在其中矣；学也，禄在其中矣。君子忧道不忧贫。”与“终则有始”义近。这是天理，因果律。天道是以因果律而行所历经途径、轨迹。

启示

国家大乱必须治理，但要大乱转为大治，需要治理者详细思虑因果，并付诸行动。

象曰：山下有风，蛊。君子以振民育德。

山下有风，蛊：蛊卦以“山下有风，风遇山折回，物皆散乱”为象，表示生出坏事。

生出坏事，必须治理。通过治理，建立秩序。制定秩序和建立过程，都有其因果逻辑。故治蛊需遵循因果律，以因果逻辑治理蛊乱。

认识和作为都需相应才德。才德由学习，思考，实践具有。针对情况“学习，思考，实践”，提高认识水平和任事能力过程，即培育才德过程，称“育德”。具有才德，才会有功业。才德居于内，所能见与外。才德与功业，如影随形。要成就相应的功业，都需要有内在才德与之相应。致力于提高才德，这是人之首要。

启示

治乱最核心的仍然是提高人的内在才德，而非资源等外在要素。

相关爻的提示意义

1. 初六，干父之蛊；有子，考无咎，厉终吉

初六，干父之蛊:干义为纠正。但这里主旨初六以阴处下，内八卦巽之主。蛊象征风吹，致万物散乱。六为蛊之主，故称“干”，树干，枝叶所依附。为匡正先考过失的主干，主其事。阴象女，巽象长女。而蛊卦初阴，旨在象阴顺阳，顺从先考义。阴处下称子，并非散乱蛊坏到不识男女。主旨子阅历浅，少见识，应当谨慎。

有子，考无咎：有子，父有匡正自己过失之子，能摆脱先考之咎。过失不得匡正，不能摆脱系累。

厉终吉:厉，严格，严肃，处处警惕。如此多能使无过失，可得终吉。处处警惕所以能少过失，指预备方案中，全面严格考虑到各种可能情况,且都有备预方案和相应人选。备预方案，准确自然最好，但难能做到，故宁可有过而不用，决不能侥幸于万一。厉之义。唯以如此之“厉”，才有“终吉”。所以宁可以厉而争得终吉，是由于干蛊之事体大，不可有失于万一。任事不必事事如此，但体大之事必须如此，只能如此。如此或可称为应对“厉”事可法之大道。

象曰：干父之蛊，意承考也。

子承继先考遗志，匡正先考过失，至诚至敬，总以“惕厉”自我警示，使不致有失，得以匡正，吉利。目的只为先考无咎。

《东坡易传》有：“蛊之灾非一日之故也，必世而后见，故诸爻皆以父子为言。”蛊害所生皆非朝夕，乃积久，却多需时日呈现结果。上代所致弊，只能后人承继矫正。蛊卦主讲治弊，以父子为喻。初以亡父与子为例。又由弊端多起自上，“上有好者，下必甚焉”。故治弊以父子关系为喻，意在晓示子当承接治父弊之任。

初以柔处卑，上承九二、九三之阳，阴承阳，喻子承父。“干父之蛊，意承考也”，凡父辈成法不堪时用，弊端显露，子当矫正整治。“干父之蛊”，正父之过，代代相传，减少损失，乃承继先考遗志。

启示

初六讲父子关系。父考也是人，人总有过失。儿子行孝父亲，匡正父亲过失亦是孝，天经地义，不能违背。《孝经》强调对父亲过失亦应纠正，才是真正大孝。故《易》主张“干父之蛊”，如此才堪称好儿子。汉昭帝匡正武帝之过，为武帝“有子”，也是万民之福。为人子孝敬父母，天经地义，故“干父之蛊”，人类社会所必须。

2. 九二，干母之蛊，不可贞

九二，干母之蛊：六阴柔象母，所长在内，处刚尊之位，涉繁巨之事。以柔顺理外事繁巨，多不堪任，难免生出蛊坏。

九二象征意义：九，阳刚知大始，处巽体柔中，与六五为应，以刚行柔中，总以刚中，少有变通。

干母之蛊：六五不堪繁巨，九二总以刚中，少有变通，而“干母之蛊”，干预六五可能造成的蛊坏。

不可贞：贞，执著于正。不可贞，不可凡事执著于正。强调九二不宜凡事执著，不是放任错误，而是适事适时，根据情况。凡与至尊有歧义，情况允许缓行，则缓行。不是不执行，是以“正”而不是“贞”，可缓行者缓行。

象曰：干母之蛊，得中道也。

能“不可贞”而只以正，即适时，近于“干母之蛊”中道。

> *启示*
>
> 后辈领导者纠正前任柔顺领导者的过错时，不宜凡事执着，情况允许缓行，则缓行。

3. 九三，干父之蛊，小有悔，无大咎

九三，干父之蛊：刚阳之才居下卦上刚之位，主干者，象子干父之蛊，少退让。

小有悔，无大咎：以阳处刚，下之上，刚过不中。居巽之正，虽刚过无悖理，合于事亲之本，无大过。象征刚阳堪任其事，虽有刚过，属小小当悔，无大咎过，不属事亲不当范围。

象曰：干父之蛊，终无咎也。

阳刚过中，刚断能干。居巽体，象征无过甚。以之干父之蛊，虽或小有悔，而终无大咎。

> 启示
>
> 后辈领导者纠偏，强势风格会更有效。但其以刚阳方式任事，处事有过，但属于小过，纠偏的行动力更重要。

4. 六四，裕父之蛊，往见吝

宋儒刘弥邵说："强以立事为干，怠而委事为裕。事弊而裕之，弊益甚矣。"委，放弃推脱。裕，宽绰，宽容。

以阴居柔，治蛊过柔，象征宽容蛊坏，吝惜，舍不得治理。吝惜蛊坏而不根除，必愈益扩散蔓延，以之而往，蛊坏日深，以致不可治。

六四，裕父之蛊：六象性柔，居四象行又柔，艮义为止。六四象征艮止于至柔至顺不变。象征裕父之蛊，对先考过失不做任何纠正，止于至柔至顺。故往见吝，以之而往，总会见到由吝惜先考过失酿成灾祸。

象曰：裕父之蛊，往未得也。

裕父之蛊：处蛊坏之时，六以柔居四，象征对父考过失不予过问，任其发展。

往未得也："往未得"不准确，而是"有得，有未得"。所得者，父考所造成蛊坏得以发展蔓延，以致能酿成不可挽救的灾祸。所未得者，父考所造成蛊坏未得任何救治，控制。

启示

如果后辈领导者对前任领导者的错误不加以纠正，宽容放纵，问题会越来越严重，一定会出现令人后悔的情况。

5. 六五，干父之蛊，用誉

用誉：享用，赞誉。干蛊：正父之过，处事有能，后以“干蛊”指主事或才干。

六五以柔居刚中尊位，以阴柔行刚中，所行不仅正中情况，且果决。正中情况，知也。果决以知，何蛊不能治？凡有蛊坏即时得治，以致不再发生，何以有不得匡正的过失？民众何以不赞誉？史书何以不称誉？以阴柔之质，当匡正父辈过失之任，自然被赞誉。阴柔能匡正父辈过失，由下应九二，任用刚中之臣。故人当以知否为首，为要。知而行刚，善之善者也。不知行刚，错之错者也。

《程传》：五居尊位，以阴柔之质当人君之干，而下应于九二，是能任刚阳之臣也。虽能下应刚阳之贤而倚任之，然己实阴柔，故不能为创始开基之事，承其旧业则可矣。故为干父之蛊。夫创业垂统之事，非刚明之才则不能。继世之君，虽柔弱之资，苟能信任刚贤，则可以为善继而成令誉也。太甲任用伊尹，周公辅政成王皆以臣而用誉者。

程颐所论有其意义，却未必严谨。

象曰：“干父用誉”，承以德也。

能挽救父考所成弊败，所以受到人们赞誉，是因又开始接续承继开创基业先祖治理国家所依循制度规则，以继续发展其功德。

纵观蛊卦，都为“干父之蛊”，九三治蛊太过强硬；六四过于柔弱，畏前畏尾，不能正中情况；六五以阴居阳，刚柔并济，以中尊之位，用德而不用威，获得赞誉。

启示

后继主政，凡欲改革旧制，首当根据情况制定措施，及于执行，当以中道，刚柔并济，大多情况或以德推进，不执意用强为宜。这既能节省资源，又能得预期结果，少有流弊。

6. 上九，不事王侯，高尚其事

象曰：不事王侯，志可则也。

居蛊之终，无系应于下，处事之外，无所事之地。以刚明之才无应援而处无事之地，是贤人君子不偶（遇）于时，高洁自守，不累于世务。不事王侯，高尚其事。

朱子语类：刚阳在上，在事之外，故为此象。而占与戒皆其中矣。

“刚阳在上”是卦爻象,“在事之外”是卦爻象征意义之一。“占”若理解成占卜筮，毫无意义。理解成基于情况，以因果逻辑推理，非全无道理。所能得结果决定主事者掌握情况及综合归纳能力。是否堪称“高尚”，由评价者价值追求决定。“不事王侯”是否“志可则”,亦不必有统一标准。因是否“事王侯”亦决定于每个人价值追求。何况即使价值追求近同，更有不同人所处情况千差万别之异。

> 启示
>
> 君子知进退，如果天下清明，君子已经立新除旧，或许君子会选择置身事外，高洁自守，不为俗世所累。这也体现了君子之风，只求事成，不为功名。

蛊卦的提示意义

第一，做任何事情需先准确掌握情况，这是前提。再以天理天道为准则制定任事方案。欲使方案能解决问题，前提有二，一是及时全面准确掌握情况，二是具有制定方案的才德、能力。全面掌握情况，需及时深入实际的实践意识并行动。才德、能力，需长期勤于学习、思考，积累知识和经验。故人生无他，只是“勤于学习、思考，深入实际实践”而已。

第二，天下有蛊患，就要积极去治理。纵容蛊患发展，后悔莫及。治理蛊患，要以中道原则，过于软弱不宜，过于刚强也不宜，大多情况要以德推进，才能提高治理的效率。

临

䷒

兑下坤上

序卦：蛊者，事也。有事而后可大，故受之以临。临者，大也

“蛊”象皿中生虫，古时器皿只能是有机物，积久生虫，蛊坏。故蛊义为“事”，且是坏事。人是能动存在，凡有坏事则谋划解决措施，多能解决。同时伴随发展进步，逐渐成“大”之义。

由古人刻字，故序卦过于简略，表述难能准确。实际上“临”本身并无“大”义。是由蛊坏生虫，出了问题。由解决问题后成大。为了及时发现问题，需监督情况，而设临卦。临，金文字形左边是人，右上角为人的眼睛，右下角象器物。故“临”字义为人从高处俯视低处，居高临下，引申为监视，发现问题。

繁体“臨”自高俯视，察看，考察，监临之义。监察之“监”字，上为临字简化。

就事理说，一是有事，出了问题，得以解决，有进展，发展，故成大，扩大。二是临接，靠近紧密，容易及时发现问题并解决，进步，发展，扩大。三是卦象二阳方长，象征认识能力在提高，亦助于及时发现解决问题。所有这些都是临卦象“临接”

能成“大”的根据，缘由。

临与比卦义有相近处，比义水自上渗下。

临“泽上有地”，地对泽水包围，水渗入大地密比，地高于水部分，象征居高俯视监管，凡有危险，及时补救，不使“泛滥”。临，主要是监察督导之意，如君临民，人临事。

比，上坎下坤，地上有水，水附大地，密近、浸润，大地容纳水，相互交融，密近无间。无监管被监管主从义，此与临之异。临上坤下兑，上顺天理监临，凡有违背，及时救治，必然达到和悦的结果。

韩康伯曰：“可大之业由事而生”，看似无事，非真实无事。以标准监察督导，及时发现纠正，这是所有工作都必须做的。以标准监察，及时发现并解决问题，从而成大。如堤岸被水浸泡，随时可能出现孔洞。唯有监临，适时发现解决，否则会酿成大祸。临接监理，发现问题，得以解决，发展壮大。从而追随参与者多，资源扩大，问题更多。继续监临，发现，解决……以此循环，这是持续发展所必须经过的过程。监临，成就功业之要。

人是在解决问题中发展进步的。人的意义就在处理解决问题中。解决问题必然阴阳邻接，沟通，协作。“阴阳邻接，沟通，协作”为解决问题之道，之方法，之原则。这或许是《易》设临卦用意。

卦辞：临，元亨利贞。至于八月有凶

彖曰：临，刚浸而长，说而顺；刚中而应，大亨以正，天之道也。至于八月有凶，消不久也。

临，刚浸而长，说而顺：临之成卦，阳刚自内浸渐生长，恪守“内和悦，外顺天理”原则，同时造就着“内和悦，外顺天理”结果。释临卦象征意义。

浸，义“渐”，非骤然，不知不觉中改变。阴符经有：“天地之道浸”。大多自然现象都是浸渐变化，少有骤然突变。

临卦象先有一阳生，继而二阳生。即彖传“临，刚浸而长”，二阳逐次自下浸长。

刚中而应，大亨以正，天之道也：释卦辞“元亨利贞”。“刚中而应，大亨以正，天之道也”极有深意，既是临卦核心，也是难点。刚中而应：一指九二与六五为应（可以交替协力互动）。二指九二与六五都中而不正。易虽有“中则正”通例，但所处不正，即使内心力争行为正中情况，亦有才不堪任问题。住在提醒正应，能相互协力。大亨以正：彖传明确“大亨以正”，不是“大亨以中”，意义最大。卦爻象主爻九二、六五都“中而不正”，故“大亨以正”是“警示辞”，不以“正”不能“大亨”。次为肯定词，“二五”都“中”，故能“责任易位”。能根据情况需要更易责任。“九阳刚”，“知大始”负责决策；“六柔顺”，“具有技能”，负责实施执行。如此为“以正”，而有“大亨”结果。合于“天之道”。

消不久也：释卦辞“至于八月有凶”：卦辞“至于八月有凶”源于《易》十二辟卦之说。

十二辟卦图

复	临	泰	大壮	夬	乾	姤	遯	否	观	剥	坤
十一	十二	正	二	三	四	五	六	七	八	九	十
子	丑	寅	卯	辰	巳	午	未	申	酉	戌	亥

《易》选出上图十二卦，一卦象征一月。相邻卦间，诸爻阴阳消长，称十二辟卦。辟，君主之义，“复辟”之“辟。临卦下二爻为阳，象阴历十二月。历时八月，到来年八月，观卦象征。观与临互为“综卦”，即倒过来看任何一卦，都与另一卦正看相同。象征两卦意义相反。观内八卦为坤,外八卦为巽。倒过来看，临是观，观是临。临卦辞“至于八月有凶”，意思为再历经八月到观卦，正相反。临卦初、二两阳爻都成阴爻，阳被阴消，称“有凶”（见十二辟卦图）。

启示

《易》强调事物发展规律盛极必衰，唯有自盛大之始，自觉防止自满，适时而止，才能图永久。就自然现象说，历经半年，会有正相反变化。就人事说，持续成功，多会松懈，不能严格准确以制度持续，必导致问题。

象曰：泽上有地，临。君子以教思无穷，容保民无疆。

泽上有地，临。

不同物相临接，渗透涵容，水地为最。临卦以泽上有地为象，极其严格，不是“地在泽上”，而是“泽上有地”。水性下流，泽下亦有地，无地不成泽。临卦只是关注泽上之地。泽上之地称岸，旨在限制泽水随性流动，乃至溃决。泽上之地不仅既需足够高度，亦需足够厚度，更需密切监督，临之义。

象辞“泽上有地，临”，临卦所关注是泽上之地，而时刻监临。虽泽下亦有地，不在临卦关注之内。

君子以教思无穷，容保民无疆。临卦“泽上有地”，水能运动，不加以引导匡正，则随地势运动，后果难以估计。人与水近同处为都是自我能动存在。对自我能动存在都当对其能动本性加以引导止限，引导造福，限制为害。对水引导限止莫过改变地势，对人引导限止莫过文化知识。文化知识由止限有引导，甚或止限意在引导，引导亦使止限。故需教思无穷，所施教领域范围程度，就是其为社会和历史做出贡献的领域范围和程度。

教思无穷：泽水深，性为兑。君子亲临民众，了解情况，启发教导。一法地顺天，教以顺天道真理，不传播荒谬巫术。二法泽水深，教民需深入。三法兑之悦，对民和悦，使无隔阂，施教范围广，程度深入。

容保民无疆：人对问题认识的广度，高度，深度，决定人安全情状。施教范围和程度与确保民众安全范围和程度正相关。唯有“教思无穷”,使“受教无穷”,才能“容保民无疆限”。“教思无穷”是措施，实现途径，是“道”;“容保民无疆”是目的，实现途径，所谓“食”。唯有“教思无穷”，实践并实现“教思无穷”，才能“容保民无疆”。

保民与容民不尽同，容纳，主指施教者容纳受教对象，容纳所不懂，不懂才受教。保护，最终靠自己通过受教已具有学识才能。安全情状决定于受教情状。

启示

君子唯有随情况变化认识容民保民的安全措施，并不断施教，才能做到安民保民。

关键爻象征意义

1. 初九，咸临，贞吉

其他卦初上爻不言得位失位，重在初终义。临卦义临接、监临，爻之间相应意义重于其他卦。咸，义感。咸临，由感应实现临接。四以柔正之体近柔中之君。初九六四阴阳正应，以正道感应。象初九经六四得到六五之君了解信任。初九欲以正道上行的心志，通过六四得以实现并实行。

爻辞“初九，贞吉”义为初九刚贞于情况之道，经过与六四阴阳相应得以实行。“贞吉”，由其道贞，所以能实现。

象辞：咸临，贞吉，志行正也：临初九象其行刚正于情况的心志得以实现。

启示

基层工作者了解实际情况，但需获得上级领导的支持信任，才能顺利实现其心志。

2. 九二，咸临，吉无不利。

象曰：咸临，吉无不利，未顺命也。

咸临，吉，无不利。咸临：监临之时，二五中正相应，九二之行与六五之君相感通，即正中情况需要。吉无不利：“利”

为“义之和”,“宜之和”,所有行为都能解决所面对情况的问题,故“无不利”。必然会达到理想结果,“吉”之义。

象辞“咸临,吉无不利,未顺命也”。诸多解释都存在矛盾。朱熹曰未详。

从卦象说,九二六五刚柔中正相应。九二象征臣行以刚中正,六五象征君柔中正,刚柔中正相应,君臣见解或非时时处处完全相同,六五或有迟疑不决情况。而时间紧迫,不容迟疑,刚明九二未拖延,果决施行。当是九二未顺从六五所命。六五顺中,反而顺从了刚明九二所要行。故有“吉无不利”的结果。孟子曰:“唯大人为能格君心之非”(离娄上),或许正是此意。“未顺命”并非贬义,正是由九二刚明,六五柔中,九二未顺从六五之命,结果成就了六五应正中的天理所命。

启示

当最高领导者迟疑不定,又时间紧迫时,下属不等最高领导指令,果断决策,虽然没有完全顺从最高领导,但正中天理,会得吉祥结果。

3. 六三,甘临,无攸利。既忧之,无咎

象曰:甘临,位不当也。既忧之,咎不长也。

临卦义,上监临下,大监临小。故初九九二两爻都刚明,主在正否。由三至上,四阴爻主以位象征意义。

六三,甘临,无攸利。既忧之,无咎。

甘临,无攸利:三居下之上,阴柔而说体,处不中正,象征不堪所任,只以甜言蜜语取悦监临者。没有任何意义。既忧之，无咎：令人担忧警惕，已引起重视。既已重视，或不会造成重大失误。

象辞：甘临，位不当也。既忧之，咎不长也。

甘临，位不当也：只以甘临，爻位不当象征，实是才德不堪所任。既忧之，咎不长也：已引起重视，总会得以纠正，咎过不会长久。

启示

审视检查的领导一定要重视检查在职人员是不是能担当责任，是不是只以甜言蜜语取悦监管者。如果能重视这个问题，就不会出现重大失误。

4. 六四，至临，无咎

至临：临道尚近，监临方便，能及时发现情况，及时纠正。至近，能随情况而至，不会延误。四上卦最下，与被监临密近，能及时监临，随时随事而至。中古交通不便，远近或是重要原因。无咎：四以阴居正，上近君，自处顺正。下近于被监临，随时随事而至，不会出现大问题延误。无咎之义。初九在下之贤，亦有深意。或正由于至临，既能及时纠正失当，亦能及时使其成就上达，称至临，及时而至之临。及时发现在下之贤，当然没有咎过，是大成就。若是贤哲持久在下，则是咎过。

象曰：至临，无咎，位当也。

所以“至临，无咎”，六四以柔处柔为正，上至临柔中之君，象能及时修正制度。下至临被监从属，能即使发现情况，能及时而至之临。

启示

六四作为组织中位高权重之人，上能发现问题，及时修正制度，下能深入一线，了解实际情况，选拔贤能下属，这样做事，不会有大过错。

5. 六五，知临，大君之宜，吉

知临，柔中处顺体，又居尊，下应九二刚中正之臣，尽堪所任。象一人临天下之广，不亲自劳烦具体事务，能成其治。大知之临。凡事自任，难能周详。人凡自任其知，皆为不知。欲使所有岗位都才堪所任，能如是则无不周详。大知首在任人，辅之以监临。必然无不适宜，吉之义。由此应联想到，易中除五位外，初至四位都非指一人，大多指多个对象。

象曰：大君之宜，行中之谓也。

六五爻辞“知临，大君之宜”，指六五以顺中处“大君”之位，象征并不事事亲临劳烦，所行正中大君当行之宜。能抓住要害关键，堪称“大君”。其中容忍九二“未顺命”，或是六五大中至大，宜中之至宜。

启示

组织的最高领导者有效监管国家，要能抓住要害关键，并不需要事必躬亲。而这要害关键，就在于用人。用人得当，辅以监管，就会吉祥。

6. 上六，敦临，吉，无咎

上六，敦临，吉无咎：上六不只指一爻，是临卦的总结。

其处上体坤之极，临之极。坤之终，顺乾之至。临之终，所有监临情况都已清楚，不合规范都已纠正，都完全达到了标准，故称敦厚的监临，都准确处理完毕，完全合乎标准之义。

象曰：敦临之吉，志在内也。

监临至终，所有问题都已纠正，都已合标准，故称敦临之吉。所以能有敦临之吉，旨在监临以顺应天理为原则，心志在解决内部问题。

启示

最好的监察，是以顺应天理为原则，而且志在解决内部问题。

临卦的提示意义

第一，任何人成就大业，都伴随着发现问题、解决问题的过程。所以，人成长过程中，不要害怕问题，问题可能是发展的契机。

第二，要解决问题，就要互相了解、互相沟通，特长互补，共同成就事业。也即通过所谓“和而不同”，而成大成美。

第三，临卦的监管更有以顺应天理为原则监管之义。监管者所行准确合于天理天道，就能亨通。凡有违天理天道，必遭灾祸，甚至会失去事业的根基。要使自己置于安全之地，只要按照天理天道行事。要按天理天道行事，首先需要正确认识理解所处的情况，然后按与之对应的因果律行事。

第四，世界上所有学问都是人所做，为人而做。《周易》

也是如此。对人来说，要成就事业，会需要与众人协同合作。有多少对象互相沟通协同合作，就能解决多少问题，成就相应事业。阴阳临接，相互协作，是解决问题成就功业的前提。

第五，事业发展过程中如果能意识到事业已过顶峰状态，就能警惕起来，也就不会有太差的结果。相反，即使事业蒸蒸日上，百业俱兴，但如果领导者没有足够的警觉，麻痹大意，面对莺歌燕舞不警醒，似乎天下太平没有问题，这就会产生大问题。临卦二阳在下，象征稳步上升，阳气充沛，蒸蒸日上。但临卦也提出“八月有凶”的警告，这正是易经的意义。只可惜常人很难足够警醒，这既是常人情状，也是王朝更替不已的内在本质。

观

坤下巽上

序卦：临者，大也。物大然后可观，故受之以观

临者大也，物大然后可观，故受之以观。观所以次临也：小则看不清，再小观不见。唯大能清楚观见。由是《易》临卦后设观卦。

《杂卦传》："临观之义，或与或求。"义为临观两卦，都涉及交与，都有主从关系，且都是"我主"，对方跟从，被动。但又有不同。临卦之"与"是我主动与对方（多指下属）交往，了解对方情况，以达到规定标准。观卦义虽也是我主动，但不是要求强迫，是我行以标准，凡有观瞻则感化，发自内心不由自主效法。《杂卦传》："或与或求"的"求"，虽是我希望达到，但非我恳求，要求，而是"必然会有"。这"必然会有"不是强迫，而是必有自愿来。且凡有来，必使其被我感通，并效法。这虽是我所希望，但并未要求、请求，是必然而有。

卦辞：观，盥而不荐，有孚颙若

彖曰：大观在上，顺而巽，中正以观天下。观，盥而不荐，有孚颙若，下观而化也。观天之神道而四时不忒，圣人以神道设教而天下服矣。

大观在上，顺而巽，中正以观天下：以观卦卦象释其象征意义。

大观在上：九五阳刚中正，阳刚为大，居五在上。居尊，必有来观瞻者。刚中正必受观瞻者敬仰。顺而巽：卦象内坤外巽，内蕴顺乾之德，外行巽顺所处情况，准确解决面对情况的问题。

中正以观天下：九五阳刚中正，知大始，无论遇到什情况，都能谋划出准确解决问题的措施。观天下，由居尊，象征掌握所有情况。以“内坤外巽”原则，总能准确解决全天下所有问题。或迟或早，只是时日问题。

观，盥而不荐：以祭祀过程释为众人观瞻，并作为效法标准的“观”的行为原则。观，被众人效法的榜样，都来观瞻。盥，洗手。指祭祀开始，以洗手示洁净，象征心底专一诚敬。荐，祭祀，近祭礼尾声，献祭品，人心消散，几无精诚。

观，盥而不荐：所有能被称为“观”，堪当大任并被效法，是由其行事原则都如主祭者祭祀之始那样竭尽精诚，严肃于本职，而无参祭者献祭品之内心消散，行为随意散漫。

有孚颙若，下观而化也。

有孚颙若：孚，诚信。颙，伸长脖子仰视。有孚颙若，观瞻者发自内心诚敬，不自觉伸长脖子仰视。凡事专意于责任，别无旁顾，必获众人发自内心崇敬，赞誉。下观而化也：不仅限于崇敬赞誉，更在不由自主被感化，效法，不自觉改变为亦是专意于本职，别无旁顾。强调“观”，榜样的力量和意义。

观天之神道而四时不忒，圣人以神道设教而天下服矣：观自然界虽盛大，其运行呈现四时从无差忒，不知其所主导，至神。圣人法自然世界呈现的“四时运行，从无差忒”之至神，探索认识所关注情况的决定因素，遵从规律，并以之教育启发民众信服，使民众都以此思考探索所关注问题及达到所期待结果的决定因素，实际实施，达到预期目的。继而推广到全社会，天下人必自愿归附。

科技发展早已确定“四时运行，从无差忒”的原因，人虽仍无能为力改变，却或并非多么神秘莫测。古人“神道设教”的目的主在获得“天下服”结果。或由此提示了所有事物发展都遵循因果律，即从任何时点起，到作为结果状态，期间必存在既有的因果关系。即所有结果都是从起点逐渐具有条件所造成。造就“条件”的原动力，不是人为，就是“自然”。自然非有意识造就变化，称为其“自”之“然”。而随着人认识和实践能力提高，主导能力总在提升。人冬天穿棉衣，夏天穿单衣，是为自我“舒服”而顺应自然。由人习以为常，认为“本当”或“自然”，只是这被人认为的“本当”并非“自然”，而是“人为”。由此不难理解，人所当尊重的只是所处情况和因果律，由情况到目的，虽无随意的自由，却有“合因果律”的“自由”。“因果律”就是中国文化说的“天理”，事物以“因果律”运动的轨迹就是“天道”。甚至几近于基督教认为的“上帝的意志”。故对人最有意义的是能认识因果律的范围，自觉于认识“因果律”。能在多大范围和程度上认识并成功实践因果律，就是中国文化所说的相应范围和程度的“天理”，基督教文化相应范围和程度的“上帝的意志”。人们如何称呼并不重要，其本质就是人从自己成为人，就开始了认识因果律，仅此而已。

孔颖达疏：“微妙无方，理不可知，目不可见，不知所以然而然，谓之神道。”

主政者法九五刚中正，以“顺天理，合民意”为原则，制定合于民众利益，促进社会进步的规定、制度、法规，并以此进行普及教育，必能汇聚民心，民众齐心协力，促进社会进步发展，既是事实，亦合“因果律”。“设教”，使人相信，汇聚民心。执政者能以此，当时值得肯定。“观卦”以祭祀汇聚民心，今天自不可取。当今社会，如何对待祭祀，亦可有争议。这些都非释《易》正题，无需过多着墨。也未必以迷信、糟粕为由批判。主政者只要以惠及民生，促进社会进步为本职而汇聚民意，则应该给予肯定。

启示

圣人顺天理，合民意，以天理教育民众，实现目的，必能得到民众的信服。

象曰：风行地上，观。先王以省方，观民设教。

省方，巡视四方。《程传》开国先王巡视四方或受“风行地上，周及庶物，为由历周览之象”启发。是否如《程传》

所指并不重要。"先王巡视四方"的意义，除施教于民，更在发现民间合于天道的作为，事迹。如舜耕稼于历山，渔猎于雷泽，烧陶于河滨都是成为圣王之前，非之后。故巡省四方的意义更在发现民间智慧，推广全民效法。更多智慧并非首出于朝堂，而隐匿于民间。唯巡视四方发现，得推广，使有广泛意义。

临观两卦都以"临民，保民，教民"为义。临主监临亲临发现解决问题。观以自身行为作表率,或寓身教胜于言教之意。观象辞义亲临民间，实地考察，感知了解，搜集情况。在此基础上，制定制度，法律。全民恪守，规范社会秩序，促进社会进步发展。有积极意义。

启示

很多时候，智慧隐匿于民间，真相也隐匿于民间，主政者需要巡视民间，发现民间智慧，同时了解庙堂发现不了的真实情况，并根据这些智慧和情况制定社会规范，促进社会进步发展。

主要爻象征意义

观卦讲观察事物情状，结果及其原因，目的在提示通过观察,准确得出结果。六爻由所处位置决定了或是观察标准效法，或是作为标准被观察效法。普通民众观察主在观察目标、标准，观察目的是效法并达到。标准是九五，观就是观九五。各爻观察结果一决定于自身能力，二决定于其处位与九五关系。

1. 初六，童观，小人无咎，君子吝

初六，初生幼小，阴象少识见，初象初生之阴，几无识见，故称“童观”。幼童观物，其结果能否观见，观见什么，皆无法确定。

小人无咎：小人观物，就是难有明确结果，正常现象，自然没有咎过。

君子吝：这句有矛盾。既是君子，何以如童观。勉强理解成有其他才干，没有这方面才干。吝，吝啬，不舍得。或可勉强理解为，未舍得在有关方面下功夫，缺乏相关知识，没有辨识能力，故无识见如童观。

象曰：初六，童观，小人道也。

初六所以得几无辨识的童观结果，就是此前所行为小人之道，学识片面，对观察辨析对象有关的基础知识一无所知所致。

> *启示*
>
> 同样的情况，在不同学识的人眼中，有截然不同的解释。学识浅薄、片面，自然不会有深刻的见解，因此小人难以深刻、长远。

2. 六二，窥观，利女贞

象曰：窥观，女贞，亦可丑也。

窥观：通过小孔或缝隙暗中偷偷看，又被三四遮蔽，自然不能明见。阴柔之贞在主内，不能公开正面对外观视，只能窥观。

利女贞：女子观物应当遵守礼制规定，不能超越“女居内”的规定。观外为不当关注。由此，象辞“窥观，女贞”为“亦

可丑”，不当为。

需要明确的是，上述都是勉强理解历史上几乎所有注释大家的解释。但明显违背易“六二柔中正，正应九五刚中正，象六二当既能理解九五，并准确执行”之通例。既刚柔中正相应，又何以需“窥观”。若一定以字义解释，或只能勉为其难地认为观卦是通过祭祀讲观视，或特殊规定女子不能到祭祀现场，只能于室内观看。如此爻辞“六二，窥观，利女贞”意思当是“六二只能窥观”，这是制度规定，唯此才“利于女”恪守祭祀之礼所规定之“贞”。象辞“窥观，女贞，亦可丑也”，祭祀之礼，女子只能“窥观”，虽合于祭祀规定之“贞”，这样观看亦会有难为情之羞丑。

启示

任何人都应当恪守自我行为规范。女性有女性之规范，男性有男性之规范。男女如果不各当其位，就有出丑的可能。

3. 六三，观我生进退

象曰：观我生进退，未失道也。

以六居三非正，由处坤顺之极，上下卦交际，象征能顺时进退。爻辞“观我生进退”，义为必须认真关注自我具有的才德，是当进，还是当退，严格以制度规定，决不能违背制度规定。

象曰：观我生进退，未失道也。

只有严格以制度规定认真关注自我才德，决定是当进，还是当退，才不会偏离当守的正道。

六三虽不正，能有如此自觉，或一识其处坤顺至极，二由处上下之交，可进可退之际。坤顺之极，即坤顺乾之极，准确顺乾。上下交际，进退方便。

> **启示**
>
> 六三能不断自我反省，根据外部环境和自我能力审视自己的进退，才不会偏离当守的正道。

4. 六四，观国之光，利用宾于王

象曰：观国之光，尚宾也。

清楚观察必须近。四切近五，能清楚观见。

观国之光：五刚阳中正居尊，国家情况由九五管理而成。人君才德决定国之情状。观见九五能见国之情状。同样观见国之情状就能观见九五情状。

宾，受尊敬的贵客，地位尊贵。古时为官，如君王邀请的宾客。

六四，观国之光，利用宾于王：六四通过观国之情状，就知九五是利于贤哲作宾客为之效力之王。

象曰：观国之光，尚宾也。

六四通过观国之情状，自信会成为六五所尊尚之宾，能君臣协力，以全部智力施泽天下。

> **启示**
>
> 一个国家的情况是一国领导者的体现。下属选择领导者要能学会从领导者周围进行观察，来决定自己是否能够效力于领导者。

5. 九五：观我生，君子无咎

象曰：观我生，观民也。

观我生，君子无咎：九五自述或自认为，要观察认识我的生命情状，就观察我所治下的民众，如果皆君子，我则无咎过。此即《论语·尧曰篇》："朕躬有罪，无以万方！万方有罪，罪在朕躬！"主政领导对民风整体的主要责任无可推脱。

象曰："观我生，观民也"，与爻辞无大差异。但似乎非只限于观民众是君子还是小人等品德问题，更指民众生存情状。总之，领导如何的根据，以在其治下的民众状态为证据。即《管子·牧民》所指"仓廪实而知礼节，衣食足而知荣辱"。民风呈现的结果，主在民众生存必需的实际问题。

> 启示
>
> 如果领导者治下的民众均有君子之风，那说明领导者的治理没有过错。相反，如果领导者治下的民众乖张暴戾，说明领导者的治理有问题。

6. 上九，观其生，君子无咎

象曰：观其生，志未平也。

上九：以刚之德处上，为下之所观。但不当君位，象征贤人君子不在正位，其才德为天下所观仰。观其生，君子无咎：观其生命情状，所有行为呈现的才德皆合君子标准，则无咎过。

君子所以自观自己生命情状，就是心志总不满足，故总在随时而进，不懈认识新情况，解决新问题。意思为自身可以不在位，但才德必须随时而进，不能落后于时代，这样才为君子所当为。

项安世指出，观本是小人逐君子之卦，但以九五中正在上，群阴仰而观之，故圣人取义为小人观君子之象。象虽如此，势实渐危，故五上二爻皆曰：君子无咎。言君子方危，能如九五居中履正，上九谨身在外，仅可无咎耳。不然则九五中正以观天下，虽元吉大亨可也，岂止无咎而已哉。明二阳向消，故道大而福小也。此则唐武宗之时，内之宦者外之牛党之徒，皆欲攻李德裕者也。但以武宗刚明在位，故仰视而不敢动，一日事变万事去矣。

启示

人不可能超越时代，自我能尽力，做到时势可能的最好，既对得起自己作为人的生命，亦不愧对时代给予了具有难能可贵的作为人的机缘。

观卦的启示意义

第一，临观两卦都是通过人之间相交往，提高才德品德。但又有不同。临指上以制度监督下，要求下以标准规定而行，行合标准。观以礼仪树立标准，标准感化众人，众人效法，行以标准，达到标准。

第二，对任何一个存在，在不同人思想里，其实都不尽相同。这不尽相同只在认识者所掌握的情况，所具有的认识能力。能力是内在具有才德的外在表现。要具有能力，需要内在增益才德，并不懈以致用于解决外在问题。随解决外在问题，能力自在提高中。

第三，人的一生是什么，就是自己所实际成就的功业。这由九五象辞“观我生，观民也”能最明确的表达，即使身处九五之尊，责任决定了，你未必才德一定最高。其才德由其治下百姓的生命情状表征。不同地位，不同责任，确证自己如何的根据不同。事实也确证名留青史的远近，非一时风光程度，而是对人意义时间的远近，地域的范围以及作用的程度。

第四，为观天下重在实际内容，形式伴随内容。唯在利于民生，促进社会进步，才值得肯定。

第五，诸多有意义做法出于万民，唯主政者巡省四方发现，并推广，使有广泛意义。巡方既能发现问题，更见民间智慧。根据所发现正反事实，制定制度，推广贯彻，广泛发挥作用，使有普遍意义。

第六，《易》中诸多形式是由历史局限决定的，今天看来，诸多失当，不予采用即可。不必过多花费精力。

噬嗑

䷔

震下离上

序卦：可观而后有所合，故受之以噬嗑。嗑者，合也

《程传》释序卦原文，清楚明确，不需再释。分段标号，列于下：

既有可观，然后有来合之者也。噬嗑所以次观也。噬，啮也。嗑，合也。口中有物间之，啮而后合之也。

卦上下二刚爻而中柔，外刚中虚，人颐口之象也。中虚之中又一刚爻，为颐中有物之象。口中有物，则隔其上下不得嗑。必啮之则得嗑。故为噬嗑。

圣人以卦之象，推之于天下之事，在口则为有物隔而不得合。在天下则为有强梗或谗邪间隔于其间，故天下之事不得合也。当用刑法，小则惩戒，大则诛戮，以除去之，然后天下之治得成矣。

凡天下至于一国一家至于万事，所以不和合者，皆由有间也。无间则合矣。以至天地之生，万物之成，皆合而后能遂。凡未合者皆有间也。若君臣父子亲戚朋友之间，有离贰怨隙者，盖谗邪间于其间也。除去之则和合矣。

故间隔者，天下之大害也。圣人观噬嗑之象，推之于天下万事，皆使去其间隔而合之，则无不和且治矣。噬嗑者，治天下之大用也。

去天下之间在任刑罚，故卦取用刑为义。再二体明照而威震，乃用刑之象也。

启示

间隙、阻碍会影响天下的和合。因此天下要和顺，就要去掉间隙、阻碍。要去掉间隙、阻碍，仅凭仁德是不够的，法治必不可少。

卦辞：噬嗑，亨，利用狱

彖曰：颐中有物，曰噬嗑。噬嗑而亨。刚柔分，动而明，雷电合而章。柔得中而上行，虽不当位，利用狱也。

颐中有物，曰噬嗑：噬，咬碎。嗑，合。以噬嗑卦图释卦名，口中有硬物间隔不得合。咬碎硬物得以合。

噬嗑而亨：释卦辞“亨”。有坚梗间隔，咬碎可合，才得以进行后续工作，亨通之义。

刚柔分，动而明：六爻结构，刚柔结构清楚分明，无含糊不清。

动而明，上下两卦，上离下震，上明下动，下动以上明为前提。

雷电合而章：章，章法，规矩。自然现象闪电先，雷鸣后；以此比喻凡事当“先明后动”，明而动。或当为“电雷合而章”。

断狱亦当“电雷合而章”，先明事实和法律，以法律衡量事实，以事实为根据，以法律为准绳判决。明事实和法律在上、在前，判决执行随后，电雷合而章。

柔得中而上行，虽不当位，利用狱也。柔得中而上行：体柔当处下，噬嗑六五是由下卦上行至君位而成。虽不当位：以柔处刚又君位，不当位。利用狱也：噬嗑上离下震，上明下动，这是用狱审判之正，利法此用狱。

启示

法制的关键在于先明法律和事实。法律需要是良法，事实需要清晰，并以事实为依据，以法律为准绳进行判决。

象曰：雷电噬嗑，先王以明罚敕法。

雷电噬嗑：“电雷噬嗑”更准确，先明后动，在明的前提下行动。既是噬嗑卦象征意义，亦做任何事都当恪守的通则。

先王以明罚敕法。先王，建立国家的帝王。明罚：明确惩治的法律。敕，帝王的诏书、命令。敕命，敕书，敕封，奉敕等。敕法：以最有权威的文书——帝王诏书——颁布法律。先王以明罚敕法：开国帝王当做要事之首，就是以最有权威诏书敕命，颁布明确惩罚的法律文书。

启示

君子做事谋始。开国皇帝做事之首要，就是要以最有权威的诏书敕命，颁布明确惩罚的法律文书。

相关爻象征意义

1. 初九，屦校灭趾，无咎

屦，草鞋，指“脚”。校，木制械具。爻辞义为所犯过失小，罪恶轻，仅带上没过脚趾的木械即可。

象曰：屦校灭趾，不行也。

“不行也”，不再重犯。仅带上没灭脚趾的木械，使不再犯就可以了。

> 启示
>
> 刑法关键是罪罚相当。小罪小罚，使其不再犯就可。

2. 六二，噬肤灭鼻，无咎

六二：二应五，象征用刑者。居中得正，用刑准确，判决合于罪犯当承担的法律责任。罪犯容易服罪。噬肤灭鼻：肤，紧连皮肤不连骨的肉，最容易咬。噬肤，义为用刑准确，与受刑主体应当承受责任一致，无过严之失。灭鼻，亦指用刑准确，无过宽之嫌。

无咎：既无“过严之失”，亦无“过宽之嫌”，自然没有咎过。

象曰：噬肤灭鼻，乘刚也。

罪虽轻，依法不能赦免，需准确用刑，不能宽容。不准确惩治，或会再犯。

> 启示
>
> 这里还是强调用刑准确，判决合于罪犯应当承受的法律责任，这种公道做法会使得罪犯容易服罪，不产生太多后遗症。

3.六三，噬腊肉遇毒，小吝，无咎

六三，噬腊肉遇毒：六三以柔处刚，象征才不堪任，罪犯不仅未服罪，反抓住六三审理用刑疏失，象征“噬腊”未咬碎反“遇毒”。腊，兽腊，连骨的肉，坚韧难咬。

小吝，无咎：由才不堪任，有审理用刑不到位之吝，但对罪犯审理是必需的，没有错误，无需悔咎。

象曰：遇毒，位不当也。

爻辞“噬腊肉遇毒，小吝，无咎”，就是指六三才不堪任，不堪施刑之任。所谓难易，皆在行事者才德。才堪所任则易，不堪所任则难。

启示

如果主管司法的官员才能不够，罪犯不仅未服罪，反而会被抓住用刑疏失。但这些阻碍只是暂时性的小困难，解决了这些困难，就不会有大问题。

4. 九四，噬乾胏得金矢，利艰贞，吉

九四居近君之位，当噬嗑审理判决之任者。

噬乾胏，胏，紧连骨头的肉。乾胏，已干紧连骨头的肉，最难咬碎。象征到九四的案件都最难审理。

得金矢：金，铸币用的金属，性刚硬。矢，射出去的箭，不会转弯，象征直。得金矢，得刚直之正。也即根据据犯罪事实和认罪情况用刑，用刑准确严格，对证据确凿又拒不承认者，施以严刑。如现在的通行语“抗拒从严”。矢意思为能准确迅速判断，不会走弯路而无谓浪费资源。

象曰：利艰贞，吉，未光也。

程传认为是戒辞。易中凡言“未光”，都有卦爻象象征其所行并非必然都准确正合情况。九四以刚处柔，不得中正。刚明可能有过于自信果断，虽大端处少有根本失当，细微处难免过于果断，而不准确。居柔又象征当恪守的不能坚持，故戒以艰贞，指即使感觉或看似容易，也或内涵艰难，总当自我提醒，时时处处恪守“贞”，使措施和结果完全准确适于情况，无任何失当。这是总应追求的目标结果。不仅限于有所得之吉，而追求时时处处严格准确正中情况的完美。

由上述不难理解，九四爻的象征意义内涵最复杂，寓意最深。

> 启示
>
> 对于掌握司法大权的领导者，一方面要避免过于自信果断，尤其是细微处的自信果断；另一方面又要有坚定的信心，坚持公正的审判工作。

5. 六五，噬乾肉，得黄金，贞厉无咎

噬乾肉：九四象“噬乾胏”，六五为“噬乾肉”，反比九四“噬乾胏”容易。是六五以明处尊的地位决定，象征九四已准确处理了最难解决的具体问题。

得黄金：黄，中色，六五以虚中为明，象征本性自然重视容纳情况，对把握情况几无自我的主观。这是料事准确，处理措施正中情况的前提。

金，指亲比九四。上已述及“九四爻的象征意义内涵最复杂，寓意最深”，九四自己以刚处柔，象或有“过刚”和“柔不能固守”之失，至六五得柔中居尊亲比，象征能使刚柔和中，这是九五“得黄金”所指。黄金难得，最当珍惜，是指六五九四亲比，行事刚柔得宜，是最理想搭配。

贞厉无咎，得当也。贞，固守正，处处以事实证据和制度法律。厉，严厉，坚决，不退让。贞，准确以事实证据和法律制度，无偏失。无咎，唯守“贞厉”，严格准确以事实证据和法律制度不偏离，就不会有过失而引致悔咎。亦是象辞“得当”所指。

启示

领导者重视容纳情况，对把握情况没有自我主观，又能严格准确以事实证据和法律制度为基础进行司法判断；同时又能与下属和谐相处，这种行事方式会获得吉祥、顺利。

6. 上九，何校灭耳，凶

象曰：何校灭耳，聪不明也。

何校灭耳。何，负荷。校，木板制成套在罪犯脖子上的刑具。何校灭耳，木校大到盖住了耳朵。程传“上过乎尊位，无位者，故为受刑者。居卦之终（问题仍未解决），是其间（与法律规定的差距）大，噬之极也”。《系辞》所谓“恶积而不可掩，罪大而不可解”者也。故“何校”而灭其耳，“凶”可知矣。

聪不明也。聪，耳朵听得清楚。不明，不明事理，违法乱纪。所以“何校灭耳”是由毫无客观原因的“不明事理，违法乱纪”，咎由自取，只有自己承担后果。

启示

法律是神圣的，如果不明事理，违法乱纪，只能自己承担后果。

噬嗑的提示意义

第一，从世界到国家，以致任何人群集聚共事，首在和谐。要和谐则需明确合天理顺民意的规矩规定（小畜懿文德）。使行有规矩，遵照执行。法律规定必合天理，由此顺民意，即因果律。否则不能体现公正，不宜施行。强制实行，亦生混乱。

第二，在制定合天理法律后，需以最权威形式颁布，晓谕全民皆知，以便执行。

第三，晓谕在先，都必须遵照执行。凡有违背，则为噬嗑九四象征的间隔，阻碍和谐，只能咬碎。可见噬嗑蕴意，人所有行为必以法律制度，不得违背。凡有违背，必得相应惩罚，以此社会得以有序运行。

第四，晓示以上卦离之明，惩治以下卦震之动。明在上在先，动在下在后。动依据明。

贲

离下艮上

序卦：嗑者，合也。物不可苟合而已，故受之以贲。贲者，饰也

《程传》：贲序卦“嗑者合也，物不可以苟合而已，故受之以贲。贲者饰也。”物之合则必有文，文乃饰也。如人之合聚则有威仪上下，物之合聚则有次序行列。合则必有文也。贲所以次噬嗑也。为卦山下有火，山者草木百物之所聚也。下有火则照，见其上草木品汇皆被其光彩，有贲饰之象，故为贲也。

嗑者合也：嗑义为合，与“分”相对，多主体互补相偕合之义。

物不可以苟合而已：苟，苟且，随意。合为互补相协为用。目的是成其用。各自独立不能成其用，不能互补相协不能成其用，唯有互补相协才能成其用。“不可以苟合”指唯有互补并相协之义。

故受之以贲：正是唯有互补相协才能成其用，所以易于噬嗑卦后设贲卦。

贲者饰也：饰，刷，擦洗。说文，擦也。郑玄注：“饰，谓刷治洁清之也。”《逸雅》“饰，拭也，物秽者拭其上使明，由他物而后明，犹加文于质上也。”拭，从手，从式。“式”指“程序”“规范”。“手”“式”联合，义为“按照一定的程序或规范来清理”。《文心雕龙·情采》“贲象穷白，贵乎反本”。上述诸多解释，虽小有不同，但本质相同，一是除去附加的污秽，恢复其本真。二是即使附加一些饰，不仅绝不改变其质，且只为全面准确清楚明确认识。也就是说“贲”之“饰”，决非粉饰掩盖其本真。而是按既定规范程序清理，除去污秽，清楚明确理解其本真。序卦明确指出“嗑”的目的是“嗑”，与它物相合为用，只有全面清楚准确展现其本真，才能成就不同物相合为用。故“贲者饰也”的“饰”只能是古汉语词典所明确“刷，擦洗”，清楚明确其本真。决不是粉饰，掩盖失去其本真。

故序卦“贲者饰也”和《程传》“被其光彩，有贲饰之象”，其要都是不改变其本真，使模糊不清的本真得以恢复。措施都是擦洗除去污秽，清楚完整准确的恢复其纯正本真。决不是粉饰，掩盖本真。

《程传》：“为卦山下有火，山者草木百物之所聚也。下有火则照，见其上草木品汇皆被其光彩，有贲饰之象，故为贲也。”火的本性是向上明照，且必有灯下黑。故凡要明则用火，且只能法山下之火的一意屈下，才能向上明照全部，愈下明照愈全。不能谦下何以向上明照。勿需说才德不济，即使才德能济，亦不能消除“灯下黑”，故明哲必对被认识对象谦下。所谓“被认识对象”，不仅包括被认识目的物，而包括所有相关情况，诸如总体形势，发展趋势，合作者，甚至包括认识主体自身，即作为被认识对象的自己。总之一切都在被认识之中。故认识主体只能对所有被认识对象谦下，火在山下之义。

启示

世界上所有存在都有其本性，顺其本性能成其用，悖其本性不能成其用。尽观世界现实，多个不同存在相合成就之用，远超越单个存在能成就之用总和。

贲卦讲贲饰，饰之首是“拭”，擦洗干净污秽，不实粉饰亦是污秽，恢复本真。为此“擦拭”需按“按标准程序”，诸如除去污垢用汽油，才能不遗留污秽，恢复本真。程序不标准，可能遗留伪饰，难能准确见底，不能成其用。标准程序，即“谋道不谋食”，得以认识本真。一切问题首要都是认识其本真。

唯有准确认识所涉对象，才能相合为用。在此基础上，顺应对象本性不同组合，成就不同之用。所有相合之用的前提都是贲饰，擦拭干净，继而认识。

卦辞：贲亨，小利有攸往

彖曰：贲亨，柔来而文刚，故亨。分刚上而文柔，故小利有攸往，天文也。文明以止，人文也。观乎天文以察时变，观乎人文以化成天下。

贲亨，柔来而文刚，故亨：释卦辞“贲亨”。“贲”字义“刷，擦洗”，使准确清楚呈现本真。贲亨，柔来而文刚：以卦变释卦辞“贲亨”。“柔来而文刚”，“贲”卦成于“泰卦之变”。“泰”上八卦坤一柔爻下到下八卦乾之中，文饰下八卦乾二阳爻，下八卦成离，义明。所以明，由中虚能容，内在具有对象，故明。如此能清楚准确认识对象,继而顺其本性应用,实现预期目的。亨之义。

分刚上而文柔，故小利有攸往，天文也：释卦辞“小利有攸往”。分刚上而文柔：二以阴居内体之中，贲主爻，主持分出原来下乾一刚爻，居上八卦之上，成上九，文饰上八卦两柔爻。上八卦成艮，义止。由此上下两八卦象征“到明即止”，贲之义。就贲卦本身而言，仅限于认识清楚，再无其它。卦多为外八卦象外在行动。贲卦变成外艮止，指仅限于内在认识清楚为止，不再有其他行动。贲之义。故小利有攸往：内已明，清楚认识了情况，较此前有进展，“小利有攸往”。艮止于准确清楚认识。可按照认识实践了，但尚未实践，亦“小利有攸往”。贲卦之义。

天文也：只认识对象，被认识“对象”对认识主体“我”是客观存在，不由“我”决定，古人称“天”，对其认识称“天文”。又古时称思想为天官，思想认识客观存在，天官之文。

文明以止，人文也：文明以止，卦象内离外艮象征意义，也是人认识的直接目的。就认识说，已经明确认识就完成了，停止了。

观乎天文以察时变：“天”，狭义只指自然环境，广义指认识主体没有主动权的所有存在，包括认识主体不能决定的人事问题。“时”,狭义只指“时间”,广义指所面对“全部环境情况、状态”。观乎天文以察时变：观察自我没有主动权的所有情况，留心其发现变化。顺随情况变化采取应对措施。诸如人不能决定何时下雨,但可以带雨伞应对下雨天气。不能改变四季轮回，但几乎所有人都能认识掌握四季轮回，顺时春种，夏长，秋收，冬藏。乃至随时更换着装等等无不是。

观乎人文以化成天下：人文，人文环境，由所有人行为决定的总体状态。任何个人都既是人文环境的造就者，责任者；也是承受者，享用者。人人都有一定决定权，又没有任何个人具有全部决定权。由此贤哲当观察认识人文环境的决定因素，以有利于人类总体生存为原则，实施教化，规范人们的行为，纠正改变不当行为,使人文环境处于最适于人类生存状态。“化成天下”所指。

启示

无论处于任何社会地位，从事何种工作，承担什么社会责任，都承担着“柔来而文刚”，即以虚中之明，随时掌握情况变化，同时“分刚上而文柔”，根据情况变化，改变措施之任。只要才德堪称所任，当会取得可能的最好结果。其要有四,一是及时“柔来而文刚”准确明确所处情况。二是“分刚上而文柔”，认识情况，制定应对措施即止。后继问题由“坤做成物”完成。贲卦所提示只是“柔来而文刚”和“分刚上而文柔”。能成其二，就基本能及时明确情况发展趋势，制定相应措施。三是获得所谓“小利有攸往,天文也”是指,贲卦仅限于情况准确，措施能解决相应问题。所谓“小利有攸往”,因为只是“天文也”是思想认识。未实际执行，尚未验证。四是不要小视“小利有攸往”，只是有待执行，只要能提前准备，及时执行，多能获出人预料的大亨通。

象曰：山下有火，贲，君子以明庶政，无敢折狱。

山下有火，贲：山下有火，照明自山底到山顶所有情况。人受启发于此，当法火之向上明照，不懈基于所处，以“向上”为目标，清楚认识可能见识到的情况和目标，所历经过程，达到目标所需条件，获得条件的措施等等。所有这些都在贲卦象征意义中。才德决定见识。人之间最重要的差别就是见识与才德。才德是什么？就是有意识运用学识实践,解决所面对问题，并自觉思考、总结、积累凝结成的任事见识和能力。唯如此才是人，才堪为人。

君子以明庶政，无敢折狱。庶政，各种政务。治国最切要的是准确且明确文饰各种政务，最当避免的是使民众无辜折进监狱。

学贲卦，或当宽泛理解“庶政”，不同社会岗位责任不同，又都有其责任。工人有工人的责任，农民有农民的责任，教师有教师的责任，医生有医生的责任。在社会中生活，无不有其责任。与之对应，又都有其“庶政”，力争全面尽到责任。对其要者，绝对尽心，达到其所任的“无敢折狱”。

相关爻的提示意义

1. 初九，贲其趾，舍车而徒

古人对初九诸多解释，不仅繁琐，更在牵强，不得其要。贲卦只在文饰明确对象本职，以之执行。初处下，象“趾”，即“足”，本职行走。九处下明体，象乾知大始，“潜龙勿用”。本职只是走路，故“舍车而徒”。乘车非足本职，故舍之不乘。

象曰：舍车而徒，义弗乘也。

更为明确。爻辞“舍车而徒”为初九之“义”,本职责任。乘车乃放弃失职。爻辞“舍车而徒”义为“徒步或乘车本非要事，或并不重要”，重在履行本职还是放弃本职。乘车则失去其当恪守的正义。

> 启示
>
> 初九最重要的是做好本职工作。有些事情，虽然看起来风光，但不是本职该做的事情，就不要去做。

2. 六二，贲其须

卦之为贲，由六二上九两爻之变。内卦虚中，能容故明，象文明。情况是客观存在，贲义文饰，认识表达，明确理解成其用。人区别且高于其他存在的，就是人能认识。认识才能正确运用。甚至可以说，人的责任首在认识。由所认识，能具有一定主导作用。

六二贲之主，主言贲，认识理解表达。即对观瞻者明确呈现“其动作是其所是”，以准确认识，仅止于此。不改变被认识对象内涵，故称“须”。“须”，胡须，随口而动。动止系于所系附主体，实际决定于被贲主体。爻辞“贲其须”，只是贲饰显示所依附对象行动之义。

象曰：贲其须，与上兴也。

“兴”义“动”；与上兴，与“上”偕同兴，与“上”偕同动止。象辞以“与上兴”释爻辞“贲其须”，贲自身与所贲饰对象，如胡须与口颐关系，胡须只具有显现口如何动的意义。

六二贲卦主爻，主讲认识过程及认识前后状态。贲成于上九和六二两爻之变，主在通过文饰表象明确理解对象。二虚中义明，贲之主，象文饰需虚中，“掏空”自我，容纳全部被文饰对象。取“胡须”为象，一强调无实质内涵意义，却又能显示文饰结果，以使跟从执行者理解，得以准确执行意义。

贲仅只贲饰对象仪态，不能改变实质。但观者通过仪态却能理解其内涵意义。最典型的文饰是演员，如马连良和谭富英主演的草船借箭，至今无人超越。所以深入人心，久演不衰，旨在马谭二大师完全掏空了自己，分别表现了诸葛亮料事如神、深谋远虑、沉着机智；鲁肃诚恳待人、憨厚忠贞、情真意切、殚精竭虑的品质。由此可见，一是文饰确能帮助观者理解实质，感人至至，乃至效法。二是马谭二大师终究只是饰演诸葛亮和鲁肃的京剧大师马连良和谭富英，不是真实的诸葛亮和鲁肃。

启示

外在表达要与内在实质相一致。这样的表达，才有助人们准确认识事物。而要准确认识对象，就需要认识者掏空自己，不臆想、无私利，抛开偏见，直面事物本身。

3. 九三，贲如濡如，永贞吉

贲如：九三下离最上，文之极。处二四二阴之间，似二四象都欲与九三相贲，贲过盛，称贲如。如，语助词，加强语气。濡如：沾湿，沾染。九三或与六二、六四二阴都相亲比，有贲饰可能。永贞吉：只有肯定义，无警示义。具体如下：九三阳刚处正，象征所作所为都根据情况坚定准确。六二柔中正，与六五敌应，二五不可能发生应比关系。二只能与九三亲比。三是初九与六四正应，最紧密关系。六四不可能舍初比三。四是六二、九三，处位都正，阴在阳下，亲比亦正。而九三六四是柔上刚下，逊于六二九三亲比。五是结论，只能是六二九三亲比。准确合于“永贞吉”之义。

永贞之吉，终莫之陵也：陵，逾越，超过。由上可见，六二九三亲比，准确合于“永贞之吉”“终莫之陵”越，二三亲比，不存在任何陵越问题，堪为善之善。

启示

文胜质则史，质胜文则野，文质彬彬，然后君子。九三处六二六四之间，很容易文过，很容易被过度美化，失去本来自我。因此，九三一定更要非常谨慎，不要被过度宣传冲昏头脑，失去正道。

4. 六四，贲如，皤如，白马翰如。匪寇婚媾

六四，贲如，皤如：以六居四，处于贲饰之时，期待贲饰。皤如：皤义白。由处艮体，象征不久打消贲饰念头，艮止于原来的皤白质素。

白马翰如，匪寇婚媾：白马翰如：初九，初，纯洁象白。九，阳刚，所行如飞为翰。初九虽徒步，却像飞驰的骏马来与六四相应。九三以刚处正，隔开六四应初九，因三误把初九简单来与六四婚媾而当做仇寇，亦为正常。后终于明白初九历经艰辛，“白马翰如”来婚媾非仇寇。

象曰：六四当位疑也。匪寇婚媾，终无尤也。

六四当位疑也：四与初相远，三介于其间，四所当之位为三所疑。后三理解初是来婚媾非仇寇，且徒步如骏马飞驰，足见其心诚意切，九三终于解除了怨忧。

启示

六四地位尊崇，处于贲饰之时，但很快打消文饰的念头，返璞归真。对处于高位的人，质朴真实是其明智之选。相反，如果处于高位的人，过分文饰、浮华虚夸，就会迷失自我，失去对事物真相的把握。

5. 六五，贲于丘园，束帛戋戋，吝，终吉

丘，丘墟，无人耕作的荒地。园圃，种植蔬菜、瓜果、花草的园地。贲于丘园，义为只文饰自然，不关涉人。束帛戋戋：束帛，成捆布匹。戋戋，浅小，根据应用需要裁制成不同小片。束帛戋戋，把成捆布匹根据应用需要裁制成不同小片。吝，终吉：裁剪成小片，看似吝啬。但只有如此，才能得其用，终吉。

象曰：六五之吉，有喜也。

已近于正确认识，根据认识进行裁制，是获得应用的开始。最终必能得其用。爻辞“终吉”和爻象辞“有喜”所指。

启示

从认识来讲，在认识事物时，可以从小到大，从细节着手，层层深入。虽然这样的方法看似琐屑，但却是获得认识和应用的开始。从人事来讲，六五处于至尊地位，但崇尚节俭，虽然面子不太好看，但会获得吉祥的结果。

6. 上九，白贲无咎

白贲:保持现状,勿需再修饰。无咎,唯不再修饰才无咎过。再贲饰就不再符合事实，过分了。白贲无咎：修饰到清楚表达是其所是，是最适当结果。没有失当。准确表达了其本有，是贲饰要达到的心志，意愿，目的。

象曰：白贲无咎，上得志也。

上九阳实居上，贲饰至终，象征希望真实，本就不希望虚浮华伪。认识到如未改变的白贲，是上九本就期待的心志。

启示

上九地位极其尊崇,只诚心认识事物,不求虚浮文饰,只求真实质朴，真正做到了返璞归真。

贲卦的提示意义

第一，人生就是基于所处情况，为达到下一步可能的更好为目的，制定相应措施。基础是了解情况，自觉基于所处实际状态，运用学识，谋划达到可能更好的目标及实现措施。这是贲卦之义。

第二,在此基础上,将规划的目标以及实现措施进行实践,使实际实现，切实达到所贲饰的“更好”，这就是人。能如此才堪为人。

第三，回到老问题，所贲饰准确与否，能贲饰时空跨度，只决定于主体所具才德。才德有天赋成分，而更重要的仍是自觉于认识自我现实,选择当修习的学识,自觉用于实践的意识。

这些或对任何人，任何情况下，都是需要“不懈”之贲饰，再根据所贲饰继续修习。

第四，贲饰未来的原则是乾卦辞“元亨利贞”。元，要更好，需改变什么，可能改变什么。亨，要进行的改变逻辑上能实现的条件及过程能通达。利，为了可能的最好，对所有资源重新安排，使在新条件下，都能充分发挥特长，避免特短。包括所有资源不足，如何获得。贞，所有这些都以不伤害无辜为原则。

剥

䷖

坤下艮上

序卦：贲者，饰也。致饰，然后亨则尽矣，故受之以剥。剥者，剥也

“贲”者，饰也。贲卦义文饰，在清楚认识所处状态及可能趋向。文饰之要是依据所面对情况，制定措施，使向有利方向发展，称“亨通”，简称“亨”。

文饰主体是人，但情况在不断变化，任何人的认识都不会总是那么及时、准确、全面。但或许由于人性深层原因，人们很少能有此自觉。或者因为其他莫名原因，人们认为曾有成功放之四海而皆准，造就人们的盲从崇拜，随之以利害推波助澜，所谓“上有好者，下必甚焉”，于是颂圣风起云涌，溢美之词，不绝于耳。稍有一些人的理智，就无不知其中的荒唐。但由于利害关系，甚至可能获得囹圄之难，能指出“皇帝新衣”者，堪为异宝珍奇，但多以悲惨结局……由是灾难络绎不绝，大者朝代更替，史有记载。小者点滴成功，败亡随至，无可统计……，持续的轮回，也未能纠正人性深层莫名的盲从。人们崇拜权势，认为地位即智慧，人性缺失 ...... 历尽千载兴亡史，不乏临

大后观，观后噬嗑，后贲，再剥，又复，而无妄、大畜的事实。重复的事实，难能纠正深藏于人性的深层缺失。亦或序卦："致饰，然后亨则尽矣"所指，乃至《易》以"蛊、临、观、噬嗑、贲、剥、复、无妄、大畜"设卦内蕴的深意。

"致饰，然后亨则尽矣"，故受之以"剥"。致饰，然后亨则尽矣：文饰到脱离实际，难再发展，"则尽矣"，约略近于历史事实，似有据。只是罪不在"贲饰"，尤不在"贲"。而在"贲饰"内涵非真实。

贲不仅无任何错误，乃认识必需。新事物产生或有偶发因素，但欲成自觉，必须认识。何况交流，必须表达。认识、表达就是"贲"，把客观道理，因果关系，即中国文化所谓的"天理天道"作以梳理，使能理解，"贲"之义。即使加以"饰"，亦不为过。"饰"本义非言过其实，主在理清，明确，便于理解认识。

故受之以"剥：《易》中阳实阴虚，剥卦一阳在上，五阴在下，象阳刚几被剥尽，于岌岌可危之势。

序卦："致饰，然后亨则尽矣。"义为凡文饰不实，或衰败开始。不实与衰败如影随形，不离不弃，不乏事实。即使自然也是日中则昃，明极则暗。夏去秋至……《易》以此提示凡事当戒盛，或有意义。

卦辞：剥，不利有攸往

剥，不利有攸往：易为君子谋不为小人谋，以此易于贲后设剥，只在提示贲饰开始就当密切关注，凡有剥阳苗头，则自我提醒，随时隐遁，至少谨慎前往。

《程传》:“唯当巽言晦迹，随时消息。”能做到“随时消息”最好，却非易事，少有可能。“晦迹”只要自身情愿，不难做到，亦可取。虽不能建功立业，却可避免灾祸。“无功业相对遭灾祸”，也算大吉大利。

“巽言”非君子当为。闭口无言亦无奈，“巽言”近于“助纣为虐”，何以为君子？常人凡环境不利，首当晦迹，使不知去向，自然少遭灾祸。史上春秋吴国孙武、伍员，越国范蠡、文种，不同选择，相反结局。秦末汉初张良，与范蠡、孙武无异。北宋石守信、高怀德、王审琦、张令铎、赵彦徽、罗彦环，助宋太祖建国，杯酒释兵权归隐，也算功成身退。诸如此类，皆流传千古“晦迹，随时消息”正反事例。

《易》多言“占、卜、筮”等，本意都在求得天理天道。这些作为求知方法，毫无意义。有意义者当是，首先明确所谓“天理天道”并不神秘，“天理”就是因果律，即根据要达到的目的准备必需条件，条件具备则能达到目的。或说具有什么条件，就能达到与之相应结果。“天道”就是以因果律任事所历经路径。故任事之要有二，一是准确及时全面把握情况，二是自我才德能否提供从所处情况到结果必需的条件。故掌握情况，积累知识，缜密思考谋划，能一定程度上解决认识所谓“天理天道”问题。

彖曰：剥，剥也。柔变刚也。不利有攸往，小人长也。顺而止之，观象也。君子尚消息盈虚，天行也。

剥，剥也。柔变刚也：释卦名及剥卦象征意义。剥卦义小人剥除君子，其权位责任由小人替代。不利有攸往，小人长也：小人势长，不利于君子继续作为。顺而止之，观象也：卦辞“不利有攸往”，剥卦“外艮内坤”，“外止内顺”象征意义。“内顺”，内在思想选择顺天时。外艮，外行艮止。心内明白所处时势，外在停止所有作为。剥卦象处于小人势长之时，君子外行当止，不宜有实际作为。这是天理。所当为是不懈修习，以准确判断时势，行以“时之宜”。君子尚消息盈虚：君子以时之宜为行为原则，根据情况决定或消或息，或盈或虚。“消”，减少，乃至完全停止。“息”，或有显现，根据情况决定隐显，显现程度。“盈”，竭尽努力实际做。“虚”，看似做，实际未做，不显现实际结果。天行也：就人文说，以所处环境之“时”行，是“尚消息盈虚”，合天理，以天理而行。自然日月亦有出落，白天黑夜，四季轮回。人自然更当以此。

启示

在小人得势之时，不利于君子继续作为，君子要明白所处时势，外在停止所有作为，内在不懈修行。

象曰：山附于地，剥。上以厚下安宅。

山附于地，剥：山依附于地，附着地上。地不坚实，山必坍塌。沙滩上难有高山。凡有高山屹立，必有地之厚重。剥卦象征意义。最简单明确的道理。上以厚下安宅：安宅，安居，使所居处安全，无危险。凡欲居处安全，只有加厚所居基础。君王要所居安全，唯有施惠于民。君子欲安全，唯加厚学问才德。

启示

周易提示了很多基本道理，君王要所居安全，只有施惠于民；君子要安全，只有加厚学问才德。

相关爻的提示意义

1. 上九，硕果不食，君子得舆，小人剥庐

上九，硕果不食：剥卦一阳居上，象于事外，不任事，如硕大之果不被食用。君子得舆：卦象征阳刚将被消剥殆尽，仅存一阳，不得任事。实际情况是，阳刚不能尽被消没。就人事说“乾知大始”，不断变化的情况需“乾认识”。唯有“乾知大始”，才有“坤做成物”。阳刚被消没殆尽，就如人没了思想，躯体随之瘫痪。社会组织，如果排斥知时变的君子于事外，组织或如无头苍蝇，或如刻舟求剑，必然一无所获。客观情况总在变化是不可改变的事实，阳刚被消没殆尽，人不知所当任事，天下必乱，即使小人自己，凡不知所处时势，必不知所应做。解决“知大始”问题，唯有阳刚君子。小人无能为力。只有“知大始”君子，能挽救危局。君子得舆，只有请君子上车，才能行于当行之道。全局问题自不必言，即使具体事务，亦唯有适时才能获益。这或是“易”提示“阳无可尽之理，变于上则生于下，无间可容息”所指。就是因情况总在不断变化，要在认识时势。唯有“乾知大始”，才能“坤做成物”，这是必需的最高层分工。顶层设计者看似什么都没做，实际是没有“乾知大始”，实际工作者不知所是，自是一事无成。

小人剥庐：没有君子，小人连自己所居住的茅草房都要被剥除。义为再不请回君子任事，小人自己必将无所居处。“庐”直义“茅草房”,“居处”,寓意当是“连做什么,如何做都不知道”。

象曰：君子得舆，民所载也。小人剥庐，终不可用也。

君子得舆，民所载也：爻辞“君子得舆”意思是君子是由小人承载。很明显这句与爻辞解释并不一致。爻辞意思是“没有君子，小人连最基本居处都没有”。象辞是君子被小人承载，没有小人君子寸步难行。这种爻辞象辞不同情况，与前面讲过卦爻辞解释不同一样，爻辞和象辞或是不同时代人写成，考虑侧重不同。

小人剥庐，终不可用也：象辞“小人剥庐”意思是，对蓄意排斥“知大始”君子，导致整个组织全面败退，就连蓄意排挤知大始君子的小人自己，都失去了生存之地。最终结果确证了，这样的人终身不可任用。

启示

这里再次强调了君子的重要性。一个组织中若没有准确判断形势、知道方向的君子，小人都会拥有生存之地。

剥卦的提示意义

一是随时，根据实际情况决定如何作为。

二是厚下才能安居，厚下是永恒原则，无时不宜。君子厚下，首在加厚学识才德，提高认识能力。具体行为因时而异，以时之宜。

复

震下坤上

序卦：物不可以终尽，剥穷上反下，故受之以复

物不可以终尽：自然界日出日落，冬去春来……没有穷尽。冬天万物闭藏，随之春天生发。人年老多病故去，新生儿出生。乃至患病、病愈……诸如此类，皆“不可以终尽”之所指。剥穷上反下：复卦上五阴下一阳初生，象征老故新生，冬去春来等……故受之以复：《易》根据这些真实实在情况，于剥卦后设复卦。

卦辞：复亨。出入无疾，朋来无咎。反复其道，七日来复。利有攸往

彖曰：复亨，刚反。动而以顺行，是以出入无疾，朋来无咎。反复其道，七日来复，天行也。利有攸往，刚长也。复其见天地之心乎！

复亨，刚反：卦辞“复亨”义为“刚反”。此前剥卦阴柔剥除阳刚。复时阳刚反而剥除阴柔。称为“复”。“复”原本就有，恢复再来之意。动而以顺行：复卦内震外坤，内动外顺，象征内动以外顺天道为原则。是以出入无疾：内在之动以外顺

天道为原则，无论由内出至外，还是由外进入内，所动都顺天道，都无疾患、疚病；动适时宜。朋来无咎：诸多阳刚同类顺时而来，顺天道而来，自然无疚过。

反复其道，七日来复，天行也：卦辞“反复其道，七日来复”，指阳刚复归，顺次剥除阴柔六次，到第七次又复归到阴柔剥除阳刚。这是“天行”。由《易》一卦六爻表示的天道之行必恪守的规律。利有攸往，刚长也：卦辞“利有攸往”，意思是当下开始阳刚剥除阴柔，会持续一段时间，由时处阳刚初开始生长。复其见天地之心乎：由上述复卦象征阳刚剥除阴柔情状，即可清楚见到天地之心境了吧。这心境是阴阳互动，阳刚生长一段时间，继而必有阴柔生长一段时间。《易》用六次阴阳变易象征。此后再阳刚生长一段时间，又有阴柔生长一段时间……如此循环不已，象征事物变化发展规律。这看似阴阳剥除，实则亦是阴阳和谐互动，主从转换，就如设计师和施工工人，设计师设计新产品是剥除旧产品，工人施工亦是。新产品出来，达到新的和谐。设计师又有更好构思……这里说的天地之心，既如自然规律的冬去春来，春去夏至……亦如人文世界，个人思想和躯体相关功能分工协作，共同成就新功业。组织战略规划制定和实际实施的分工协作，共同成就组织发展。《周易》卦虽称“剥”“复”，实质是阴阳衔接协作，各自发挥特长，和谐成就功业之发展进步。

启示

阴阳互动、新旧交替、主从转化，这是天地之心，也是人间大道。

象曰：雷在地中，复。先王以至日闭关，商旅不行，后不省方。

雷在地中，复：复卦象雷在地中，动在静中，即将动。五阴处上，阳从隐匿涵养开始行动。先王以至日闭关，商旅不行，后不省方：先王以至日闭关，商旅不行：先王，开国定制之王，不仅行以天时，且制定制度规定，冬至阳复，关闭关卡要塞，商旅不得通行。所以如此，由阳气初生，稚嫩柔弱，重在育养，需安静环境，减少干扰。后不省方：继位后王承继先王制度，凡处冬至，停止巡省四方。目的同上。

这些亦像设计师开始构思，需要安静，减少干扰。制作者要理解设计，也需要环境安静。

> *启示*
>
> 大概凡事之始，都需思考理解。思考理解，需环境安静。所有初生生命，处之稚嫩，必需安静静养，减少外在干扰。或是通例。

有关爻释义

1. 初九，不远复，无祇悔，元吉

初九，不远复：剥，义被剥除，离开。初九，被剥除不远，即复于君子之道。不远复，不远即复归。无祇悔：祇（读 qí，大）。无祇悔，无大悔，没有大悔咎。元吉：于阳刚被剥后，未远离阳刚君子正道，又复归，自会有大成就，大有所得，大吉。

象曰：不远之复，以修身也。

初九刚明，象有意识反思所有未能清楚认识理解，或虽有认识，未能实践的问题，自我主动积极认识并实践。行能如此，必“不远即复”。

启示

人要学会反省、反思，反思所有未能清楚认识理解，或虽有认识、未能实践的问题。经常反省，会获得巨大的进步。

2. 六二，休复吉

休，休美，美且善。休复吉：时处刚复，六二柔中正，近比初九，象征及时准确顺从刚复初九，复之适时、准确，完整，故称休美，必然会得到所有可能的成就，吉利。

象曰：休复之吉，以下仁也。

六二所以得“美且善”之吉，是二以柔中正，躬身向下，亲比初九仁者。所谓复是复于礼，初九复于礼，九二亲比初九随之复于礼。复于礼必已克已，纠正六所不合礼，克己复礼为仁。象辞“以下仁”之义。

启示

近朱者赤近墨者黑，六二躬身向下，亲近仁者初九，必然会得到仁者可能的成就、吉利。

3. 六四，中行独复

程子曰：此爻之义最宜详玩。四于众阴之中独能复，自处正，下应初九阳刚，象心志归向于刚复。所以不言吉凶，由其以柔居群阴之间，初阳方复，能力甚微，不能相援，因果逻辑上不能实际实现，只能心向刚复。仅称能“中行”，“独复”。“中行”，心志合于时。“独复”，尚无援助。

象曰：中行独复，以从道也。

处群阴之中，独与初九正应，象与众阴都在行动，而独有六四能复归阳刚正道。

> 启示
>
> 心志是决定行动的重要力量。六四心里想要刚复，行中道，就能复归阳刚正道。

4. 六五：敦复，无悔

敦复：敦，敦笃，厚道坚实。敦笃二字义近，又有不同侧重。敦侧重厚重，笃侧重坚实。五虽顺体，由处刚中君位，象总是中正于顺刚，故为敦复。敦复：敦笃之复，复之厚重且坚实。无悔：五只中顺于阳刚之德，又处刚中君位，敦笃于复善。但处阳复方微之时，以柔居尊，下无应助，故只言无悔，未言亨吉。

象曰：敦复无悔，中以自考也。

敦复无悔：能厚重坚实合于君子正道，当然无悔咎。中以自考也：总以时时处处正中君子正道为标准自我考察，故能厚道坚实合于君子正道。

> 启示
>
> 周易永恒的提示，时时处中正君子之道，就不会后悔。

复卦的提示意义

第一，天地间阳气总归要回复，复便亨通，初九一阳潜于五阴之下，即使五阴积压在上，一阳既动，阴必然开始消散，阳气复苏逐步进行。

第二，阳刚始复，虽势微，然朋类随之相继而来。这是天道规律。

第三，卦言“反复其道，七日来复”，指事物发展必然规律，阴剥阳，阳再复，皆不会持续永久。具体“七”数，由易一卦六爻，第七次变化，又回到当前情况。人任事当法此顺时，顺利时切勿忘乎所以，困顿时切勿悲观绝望。

第四，象辞以“先王以至日闭关，商旅不行，后不省方”，告以生命初生微弱，需安静养息。人当顺时而行，创造安静环境，减少干扰，适应所有初生生命之宜。

无妄

☰
☳

震下乾上

序卦：复则无妄矣，故受之以无妄

妄，荒诞不合理，非分，不实。措施与所针对情况有矛盾，有违因果律。无妄，没有“妄”，没有“荒诞不合理、非分”，都能成为真实存在。复则无妄矣：复是阳刚被剥除后，自内再度生出。阳刚复出，行以天道，所行不会有与天道不符合的差妄。故受之以无妄：由此《易》于复卦后安排无妄。

卦辞：无妄，元亨利贞。其匪正有眚，不利有攸往

彖曰：无妄，刚自外来而为主于内，动而健，刚中而应，大亨以正，天之命也。其匪正有眚，不利有攸往。无妄之往何之矣。天命不佑，行矣哉！

无妄，刚自外来而为主于内：释无妄卦之成。无妄，由否卦卦变而成。自外来一刚爻，居下卦坤之初成初九，下卦由坤成震；两八卦上乾下震，为无妄。初九无妄主爻。动而健，刚中而应，大亨以正，天之命也：释卦辞“无妄，元亨利贞”。动而健：无妄，外乾内震，象动以天道，不可能有差妄。

健，不会有不能克服的障碍，动必成功。刚中而应，大亨以正：九五刚中正处尊，六二柔处下卦中正，二五刚柔中正相应。大亨以正，天之命也：无妄外乾内震，象征所有行为都准确正中情况需要，合因果律，即所谓“天之命”。必然大得亨通。其匪正有眚，不利有攸往：其匪正有眚：“其”指上述“内在行动，根据外在情况需要为原则”，能解决外在情况需解决的问题。“匪正”即“非正”，“眚”，看不清楚。所有情况都看得一清二楚，没有丝毫含糊不清。不利有攸往：接“其匪正有眚”继续说。所有措施没有不合乎外在情况的，就能顺利前往。

无妄之往，何之矣。天命不佑，行矣哉。无妄之往，何之矣：已处于无虚妄状态，还要去往哪里呢？天命不佑：再有任何行动之往，必违背因果律，是不能实现目的的虚妄，天命不会佑助。行矣哉：天命不佑助，违背因果律，还行什么呢？不能再行了。

启示

人们要以至诚之心行事，以实际情况确定行事原则，不能生妄念，出妄语，异想天开，否则，天不佑助。

象曰：天下雷行，物与无妄。先王以茂对时，育万物。

无妄上乾下震，上天下雷，象天下雷行。物与无妄：“与”，动词，义为“结交，遇到，处于，达到”，更近似俗语“已处于、已赶上”。“物与无妄”，当下所有存在都实实在在地处于无虚妄状态。“物与无妄”是省略语，亦包含上述已处无妄不能再往等。

先王以茂对时，育万物：先王，开国建立新朝之王。非其后继位之王。未言之义是，其制定所有规定，都以诏命颁发，不仅其在位时执行，以后所有继位者必须世代遵照执行。以茂对时：在其成长过程任何点位上，都要以所培育对象繁茂为原则，为其提供所需条件。“时”字指该状态所需条件的总称。以茂对时当广义理解，做任何事情都当“以茂对时”，为所任之事提供达到最好结果的全部条件。不同情况，“茂”含义不同，当广义理解。“以茂对时”普适于任何情况的任何事务。

启示

先王行事要以培育对象繁茂为原则，并为培育对象繁荣提供当时情况下的各种需要条件。这是先王的无妄，先王考虑的是子民的繁茂，而非个人的私欲。

主爻提示意义

1. 初九，无妄，往吉

初九，无妄：无妄，外乾内震。内震，由阳刚变否初六为初九，成无妄主爻，亦内八卦震主爻。初九阳实，以正处内，象征内心诚实，所有期望都合于情况，能实际实现，无虚妄。往吉：《系辞传》有：“吉凶，失得之象也”。初九爻辞“往吉”，义为“所有期望都合于情况，能获得预期结果”，所期待无虚妄，“往吉”之义。

象曰：无妄之往，得志也。

措施和所期待结果合因果律，心志所期待结果都有相应措施，所需条件都能具备，以之而往，必能获得所期待的结果。

启示

当行则行，当止则止。所有措施和期待结果合于因果律，必能获得吉祥的结果。

2. 六二，不耕获，不菑畬，则利有攸往

不耕获，不菑畬：菑，zī，刚开始耕种的“生田”，很难生长作物。畬，shē，耕种三年的“熟田”，常规多有丰硕收获。“不耕获，不菑畬”，六二象未耕种亦不期待获丰收。未对生田开垦，亦不期待成为能丰收熟田。没有非分期待。

六二阴中正，阴义虚，阴虚以中正，象能准确舍弃不合情况的期待。合因果律。以之而往，象能适“时”采取措施，必获得预期结果。为使生田成为熟田，连续耕种三年，自会成为获丰收的熟田。

六二柔中正，虽与九五刚中正都准确合因果律，但侧重不同。六二强调自觉舍弃不合因果律的期待，九五强调尽力实现合因果律的期待。这也是二五不正也正的原因，即只要处中，都是强调期待正中情况。大多九二刚中不正，义为积极实现能实现的，不强求不能实现的，使能实现的得以实现，中必正之义。六五虚中不正，强调能舍弃不能实现的，使能实现的得以实现，亦是中必正之义。

则利有攸往：按上述原则行动，必会获得预期结果。

象曰：不耕获，未富也。

爻辞“不耕获”，义为既然未耕耘，则不求有收获。不追求非自己奉献获得收益而富有。六二爻象征意义。

启示

人需要知取舍，自觉舍弃不能实现的目标，使能实现的得以实现，就必然会获得预期结果。

3. 九五，无妄之疾，勿药，有喜

时处无妄，九五刚中正当尊位，正应六二柔中正，象二五协力，准确判断，所有问题都有应对措施，而得以解决。不会有误判或误操作而失误。无妄之疾：疾，病，出了问题。无妄之疾，处于无妄状态，凡有判断九五有“疾患”，认为九五判断或行为有“错误，失当”。勿药，有喜：切勿针对上述认为九五有“错误,失当”进行医治。无妄九五不会有“错误,失当”。凡认为“九五”有“错误，失当”的判断，肯定都是误判。切勿根据这误判用药救治。不救治才有喜庆的结果。只要针对这错误判断用药，一定会出问题（无妄九五够牛的）。无妄九五所以如此“牛”的原因有四,一是准确掌握情况，二是严格以因果律制定解决面对问题的方案措施，三是具有权力能调动资源，四是二五正应以刚柔中正，凡条件具备的，必能获得预期结果。当下尚不具备条件而能准备条件的,都在积极准备条件,不追求立即实现，将来适时实现。实现遥遥无期的，已决定暂停。只观察环境情况变化。

象曰：无妄之药，不可试也。

认为无妄九五有“错误，失当”判断的任何所谓“救治”措施，都不可试用，试验。（“厉害啊！无妄九五！”）

启示

对于无妄的领导者，对其的怀疑要非常谨慎。草率地认为其“错误，失当”的判断，很可能是误判。

无妄的提示意义

第一，无妄上乾下震之深刻意义，首在象征任何存在，都时时处处处于“无妄”状态，其所行也都会有真实无妄的结果。《易》以上乾下震象无妄，只在喻比所有行为都会真实无虚妄产生合因果律的结果。以极端实例来说：

若其动是服下足够毒药，肯定死亡。“服下足够毒药，肯定死亡”，本就是因果律规定。

如其动是学人生哲学，修习圣贤之道，则会在通往“知、能”路径上一步步前进。这前进一步，虽不可能见效迅即，但亦确实是真实无虚妄的前进了与措施相适应的一步。同样是“因果律规定”。

第二，所有行为结果都必然是合因果律的真实无妄，是否合于预期目的，只在所制定欲达到预期目的的行为方案是否合因果律，及执行者的行为能力。这些虽都是人为，确内涵着人为是否合因果律。诸如战略规划，行动计划，医生治病开药，教师教课，等等，所有行为结果必然都合因果律。如医生很快治愈患者，由其诊治合因果律。而所以合因果律，一是其对情况把握准确，二是具有相应才德见识。其实医生治疗，病人死亡，同样是合因果律。因病情或是当下医学水平的不治之症，医生本不当治疗。或是医生学识能力不济，不堪此任。总之是合因果律。由此，欲使自我行为达到预期目的，只在修习学识，提高才德。并凡事力求准确把握面对情况，以自我才德制定行动方案。

第三，由此人生应做什么，只当时时思考与所处情况对应的因果律。这或正是无妄卦以外乾内震为象之深意。旨在提示人，无论所行是顺应达到预期目的的天道，还是悖逆达到预期目的天道，都会产生与所行相应的真实无妄结果。只是这真实无妄，是真实无妄而有利，还是生害，乃至利害程度，也都真实无妄地与之所行紧密关联。何去何从,只在个人认识选择。所得必是与所选择行为相应的真实无妄的结果。

大畜

䷙

乾下艮上

序卦：有无妄然后可畜。故受之以大畜

畜，培育、养育，使有实际意义。二为汇聚，集聚。唯实存，非虚妄，才能“汇聚，集聚”。无妄，没有“虚妄”，真实存在，故可畜聚。由此《易》于“无妄”后设“大畜”。“大畜”，艮上乾下，天在山中，艮止于山中，畜止山中者为天理，至大无比。大畜之义。

卦辞：大畜，利贞，不家食吉，利涉大川

彖曰：大畜刚健笃实辉光，日新其德。刚上而尚贤，能止健，大正也。不家食吉，养贤也。利涉大川，应乎天也。

大畜刚健笃实辉光，日新其德。刚健：内乾，“知大始”，不止息认识情况，提出解决方案，适时开启新局面。笃实：艮之德，都能真切的完成，坚固笃实处于所处之地，不可撼动。辉光：刚健笃实的必然结果，不懈适时更新，不仅存在于实体世界，其内蕴的道理永不止息照亮着后学的心灵思想。日新其德：随情况改变，总能提出相应措施，并实际达到相应结果。

刚上而尚贤，能止健，大正也。刚上而尚贤：刚上，上九阳刚，居尊位之上。尚贤，象六五尚贤。能止健：识见作为总适时顺遂情况，当行则行，当止即止。健行中能止，能止健。大正也：行以适时为“正”。有成就成功为大。总不懈适时做成，持续成大，“大正”。

不家食吉，养贤也。内蕴畜天理，蕴畜至大。唯以所蕴畜济天下，才为用得其宜。若只限于家，何以济天下。国家养贤，贤哲得行其道。国家天下，时时事事得享通之利，至大至健，国家天下之吉。

利涉大川，应乎天也。内在蕴畜乾道，自可胜任小事。而唯用于济天下之大险，成就大功业，才与所蕴畜天德相堪。卦象尚贤，当会以才德安排所任。

启示

对人来做，做一个大写的人，日新其德，不只考虑个人得失，而考虑天下得失，人生闪耀光辉；对国家来说，国家养贤敬贤，贤者得行其道，国家才能大吉。

象曰：天在山中，大畜。君子以多识前言往行，以畜其德。

天在山中，大畜。山远小于天，能畜止天于其中，只由山笃实厚重。以此启示人，人相对天理天道虽渺小，只要法山之厚重信实，则能以小畜大，具有大德。卦象之义。多识前言往行：欲有山之厚重，唯以“多识圣人先贤前言往行”。识，认识理解。“多识”，“尽量多地认识并理解圣人先贤前言往行”。以畜其德：从乾坤始，已多次释“德”字，义为

"人的行为结果与其内心（思想）所理解一致"，即措施正确，能实际做成外在对象物。如此才能确实具有了与"圣人先贤"相堪的才德，所具有如乾之盛大，山之厚重，成为蕴畜了天德，大畜之人。"君子前言往行"记录在古今经典中，经典是畜聚天理天道之高山。不懈认识理解经典，并以之实践，自身就是在积储并走向而成为高峻厚重之山。经典堆积如山，读经典根据需要选择，分清结构层次。要点重点需精细，末节细枝适可而止。或为"多识前言往行"以畜其德之道。

启示

人相对天理天道虽渺小，只要效仿山之厚重信实，不懈理解经典并切实实践，则能以少积多，由小变大，具有大德。

有关爻的提示意义

1. 初九，有厉，利已

大畜卦象，上艮下乾，上止下健，象山畜止天道。乾三爻都要被艮三爻畜止，阻止。初九：初九阳刚，处健体最下，象必然上进。有厉：厉，严厉。畜止刚大之时，六四虽阴，由在上处正，象必下严厉禁令，畜止初九升进。利已：已，已经，已处现状，停止。利已，利于停止上进，处于当下所处为宜。

象曰：有厉利已，不可犯灾也。

六四执行大势政令，没有任何失当，初九不可冒犯违背，不应冒犯违背。冒犯大势政令会遭受灾害。

> *启示*
>
> 组织中地位相对较低的人，在想进取前进时如果遇到大环境的阻碍，应适时停止，不与大势相违。

2. 九二，舆说輹

輹，吕绍刚《周易全解》："輹是车下横木，车轴有它才能转动，车停止不动时，輹就脱下来"。"舆说輹"，车停下不走了。不是被迫停止，是自不行（现在的读者不必勉强必须知道"輹"到底是什么，只要知道脱离"輹"车不能转动即可）。卦象二五正应，大畜，畜止刚大。九二被六五畜止，不可进。六五体虽柔，但居尊行中，九二不可抗拒。九二刚中，象进止皆中其时，更知大势。见时势不可行，必随时不行，勿需明言即知。

象曰：舆说輹，中无尤也。

舆说輹：九二像舆说輹，六五阻止其进，九二必不进。中无尤也：尤，过失，怨恨。九二刚明居中，象凡事以中。大势畜止刚大，九二被六五之君畜止，二不仅不会犯违背的过失，连埋怨责怪都不会有。

> *启示*
>
> 周易强调人要能知进退。权势最高者阻止事情进展，想要精进的人要及时停止，而且不能埋怨责备。

3. 九三，良马逐，利艰贞，曰闲舆卫，利有攸往

九三，良马逐：大畜与它卦不同，凡阴阳相应爻，象上卦诸爻畜止下对应爻上行。九三与上九，爻位相应，但都为阳刚，且已大畜卦终，终则必变，象都欲上进，心志相同，无阻止义。很像良马追逐，共同成就大事。利艰贞：由升进之势迅即，故提示当以“才之健与上之应忘乎所以”为戒，慎重备豫，才能总以贞正之道，“成艰难之事，得相应之利”。或凡是“有才有与”，都当戒以知艰，才能行以贞。曰闲舆卫：有提示“曰”当为“日”，“不时，时时”之义。有版本认为是语气词。各说无根本差异。闲，预防。舆，车，帮助行进。卫，防御。“闲舆卫”，三字都是预防受阻不得行，需预先谋划好行进措施。利有攸往：能做到“利艰贞，闲舆卫”，则利于顺利前往。

象曰：利有攸往，上合志也。

九三爻辞“利有攸往”义为因与上九心志相合，得相互协力而“利有攸往”。

> *启示*
>
> 一个组织要成大事，需要上下齐心，需要在事业推进时仍能保持谨慎心态，需要不断筹划行进措施。

4. 六五，豶豕之牙，吉

强调任事之要在抓住关键。无视关键，即使竭尽全力，多无所作为。雄性动物大多凶猛，尤以雄性猪牙齿锋利刚劲为最，故俗称“牙猪”。若豶去其势，割除其生殖器，牙虽存，但刚躁止。操作极其简单，却能解决所有问题，“吉”所指。任事要在抓住关键，绝其本原，恶自止。

象曰：六五之吉，有庆也。

六五之吉在知任事要害，以最小付出解决根本，得福庆。

> 启示
>
> 做事要仔细寻找事物要害，以最小付出解决根本问题。对国家领袖、组织领导，这一点异常重要。

5. 上九，何天之衢，亨

大畜，刚大被畜止。上下卦阴阳爻相应，都是刚被阴畜止。上九与九三，两阳同志，反畜止成助益。“何”即“荷”，扛在肩上，“承载”。衢，通达的大道。“天”，“天庭”，又称“天廷”，最高统治中心。“何天之衢”，承载着通向最高统治中心，即天廷，皇帝的大道。“上九何天之衢”，既有尚贤才德，又承担选贤任能之任。彖传“刚上而尚贤，能止健，大正”所指。“能止健”，畜刚健贤哲于天廷任事。政事自是大得亨通。大畜之义。

象曰：何天之衢，道大行也。

何天之衢，道大行也：上九帝师，象刚明，识贤，选贤，任贤。与柔中之君正比，深得信任，为承载贤哲通往天庭天衢。天下贤哲经上九顺利通往天庭，贤哲之道得大行。

> 启示
>
> 辅助君王的大臣，一定要识贤，选贤，任贤，为天下贤者通向天廷任事起到重要的桥梁作用。如此这般，政事必能大得亨通。

大畜对人的提示意义

第一，适时“刚中”能成大。要成大，一知时，二知适时的措施，三使“适时措施”能实际实现，从而达到预期目的，使预期目的成为现实。具备上述三者即刚中，能成就大功业。亦为“大”之义。大畜就是培育畜聚“刚中”。

第二，大畜，为人之要。人之畜聚，决定其所能成就，及其对社会乃至历史的意义。组织前景决定于所有成员之畜聚，而尤以最高领导所畜聚才德为最。观其所畜，能见其未来前景。

第三，人欲畜大，首当法山之厚重。欲如山之厚重，需结合实际读懂经典，以其实践。

第四，读经典，首要结合实际选择，理清整体结构。重点要点难点需精细，细枝末节适可而止。

颐

震下艮上

序卦："物畜然后可养，故受之以颐。颐者，养也"

物既畜聚，则必养育。不养不能持久存息。由此《易》于"大畜"后设"颐"卦。人乃至所有生物自不必说，没有养育繁殖，必然消亡。即使山川土地亦需养息，如水土保持。以此大畜后设颐。颐，面颊，腮；亦"保养"义，如"颐养天年"。颐主讲养育、保养。

颐卦象上艮下震，象下动上止。上下二阳，中四阴，外实中虚，象人颐颔。颐，面颊，腮；颔，嘴唇以下部位，下巴；二者象口腔上下部位。口下动上止，功能为通过饮食得颐养。

颐卦主讲颐养之道。《程传》：颐，养也。人口功能饮食，养人之身，故称颐。

圣人设卦，推养之义，大至天地养育万物，圣人养贤及万民，为颐卦的社会人文意义。

与人之养生，养形，养德，养人，皆颐养之道也：颐卦象各方面之养，养生，养体，养形（仪表），养德。

动息节宣以养生也，饮食衣服以养形也，威仪行义以养德也。既指各方面之养，更指所颐养决定内在才德。有什么颐养，则有与之相应才德。以才德解决所面对问题。问题得以解决，组织实力得颐养壮大，所有任事责任人亦都得以相应颐养。

推己及物，以养人也：特殊强调颐养恕道，“己所不欲，勿施于人；己所欲，施与人。”行以恕道，感染他人，养育品德。

启示

颐养恕道，行以恕道，是养育品德最简洁的途径。

卦辞：颐，贞吉。观颐，自求口实

彖曰：颐贞吉，养正则吉也。观颐，观其所养也。自求口实，观其自养也。天地养万物，圣人养贤以及万民，颐之时大矣哉。

颐贞吉，养正则吉。“颐贞吉”，颐养以贞，才吉利。不正，不吉利。观颐，观其所养也。观人颐养内容和颐养方式，可知其人。自求口实，观其自养也。自求口实：实，实际实现。口实，言语可以实现。自我求得言语能实际实现情况。观其自养也：就能见其自我颐养如何。所提见解能实际执行，达到预期结果。证明自我颐养正确，可持续。反则反是。

启示

实践是检验真理的标准。一个人所提见解能实际执行、达到预期效果，说明其自我颐养正确，可持续。

天地养万物，圣人养贤以及万民。圣人，学识才德能感化人，使人信服并以致施行，改变所针对对象的人。天地颐养万物，万物得以生息。圣人颐养贤才，贤才教育万民，万民提高才德，各司其职，生产物质财富和精神财富，返回来养育圣人和贤才，社会呈良性循环，进步发展。

颐之时大矣哉。颐之时:颐养之时，颐养经历，颐养情状。所有存在都需颐养，尤以人为最。没有不需颐养之人。颐养以正，能正确认识所处情况，提出促成情况良性循环发展的措施，并实际施行，行不盲目，执行成功，造福社会。所颐养与所具有才德见识及结果正相关。关注如何颐养，就是关注未来结果。见其颐养，就能见其未来结果。

启示

没有天生的贤才圣人，才德身体皆由颐养而成。颐养不会一蹴而就，都需历经时日。所具有才德见识，必有与之相应的颐养经历。颐养经历的作用和意义太大了。

象曰：山下有雷，颐。君子以慎言语，节饮食。

颐卦下震上艮，下动上止。上下二阳实，中四阴虚，外实中虚，象口。一是进饮食，二是出言语。

饮食目的在养身。现代人更清楚，养身需多种营养，而且都有其度。不达其度，营养不足。然过犹不及，超过其度与不及，不仅不得其养，反损伤身体。多种“富贵病”即此。

言语表达对所关注对象的认识，故需谨慎。认识正确，既决定于掌握情况，亦决定于认识能力。任何人都很难全面准确掌握情况。不能全面准确掌握情况，何以正确认识。二是即使具备认识能力，亦有身份决定的是否应由其表达，及表达程度问题。三是即使应由其表达，也存在环境是否适宜问题。故需慎。

表达目的是为使当事人纠正错误，他人引以为戒。所出不当，不会达到预期目的，甚或相反。此三者或为出言当慎原因。“慎言语”不是不言语，是为达到纠正错误，不再发生的目的，故既当准确把握所言内容，又需周及对象和所处环境。

启示

颐养身体、颐养言语，要讲究度，饮食营养要有度，说话表达也要有度。

六爻提示意义

颐卦爻辞最难理解，总规律或是，应当上施下。但上未尽责任施下，下求上养亦为“拂”，即“违背，不顺”。照规矩如果是上应养下，上未颐养下，是上未尽责任。但似乎未明确。只要下求上养，则为“拂”。上求下养为“颠”。似乎是只要求养，不是拂，就是颠。

1. 初九，舍尔灵龟，观我朵颐，凶

灵龟，神龟，不需饮食，凭借呼吸就能维持生命。义为可自养。朵颐，鼓腮嚼食。“我”指六四爻。初九，观我朵颐，初九眼睛盯着六四鼓腮，象欲饮食。义为初九羡慕六四，企图升至四位。观我朵颐，凶。六四爻对初九说：你初九阳刚本可自养，却企图升至四位。但以九居四，以刚处柔，以阳处阴，不正。不顾才德是否适合，只想升位，有危险。

象曰：观我朵颐，亦不足贵也。

观我朵颐。盯着我鼓腮饮食，义只关注升位，不顾才德是否适合。亦不足贵也：阳以刚明为贵。初阳刚不关注才德是否适合，只期盼升位。完全丧失其刚明之贵。

> *启示*
>
> 处于下位的初九羡慕高位，企图升至高位，而不管其才德是否合适，只想升位，这是凶险之事。

2. 六二，颠颐拂经，于丘颐征凶

古时认为，女不能自养需从男，阴不能独立必从阳。天子养天下，诸侯养一国，臣食君禄，民赖官养，等等，都是以上养下，为合正理。六二阴柔不能自养，需待人养。（这与近代惯常观念"官的俸禄由民众生产而有，与颐卦所指民养官为正"相反。这里不对此做"是非"讨论。）颠颐：六二不能自养，当上求阳刚。颐卦仅初上二阳，六二与上九无关。下比初九，求初九颐养，上求下养，与常规颠倒，求颠倒的颐养，颠颐。拂经：拂，悖逆；经，常，常理，常规。六二求初九颐养，违背常理，常规。于丘颐，征凶：丘，高处，指上九。二与上，距离甚远，故称"征"。远征，距离和过程漫长，情况复杂，会遭遇不可预料的艰难，危险，损失。"凶"之义。

象曰：六二征凶，行失类也。

"行失类"指什么，古今各说不同。但都忽视了最重要指项，是六二无论颠颐求下颐养，还是远征求上九颐养，都丧失了其同类所具有的“中德”。“六二征凶，行失类”当指丧失了本有的“中德”。《易》最高才德是“中”，行为措施正合情况需要，能准确解决面对情况的所有问题。只要处中，行中，不正也正。是因“中”如射箭正中靶心，“正”指射箭中靶，射在靶边角亦为“正”。故《易》“中”高于“正”，“中”则必“正”。“六二征凶，行失类”，义为六二希望舍二居四，丧失了与其都具有“中德”的同类的根本品德。

启示

颐养自己，要自力更生，不要求下颐养，也不要远征求养，避免灾祸发生。

3. 六三，拂颐，贞凶。十年勿用，无攸利

六三，拂颐。六三当等待上九施养。不等待而自求，为拂，违背上施于下的常规常理。贞凶：违背常规常理的颐养，即使贞，当受到颐养，不等待而自求亦是拂。何况六三以阴居阳，不正。又处震最上，象动之极。以柔邪不正，又动至极，象征以错误途径，急切至极求取。如此连当有所得也会失去。“凶”之义。十年勿用，无攸利。这样的人需经过长期教育，短期内不能任用。凡行事拂逆常理，都不会有任何获得。

象曰：十年勿用，道大悖也。

所以长期不能任用，因其既所行不正，又动至极，想急切以拂逆常理途径获取，获取途径大悖于常道。连基本的任事之道都不懂，长期不能任用。待明确如何做事后才能任用。这是前提。

启示

组织中如果有人野心勃勃，想要取得功利结果，但却以极不正当的方式获取，这样的人需要经过长期教育、短期内不能任用。

4. 六四，颠颐吉。虎视眈眈，其欲逐逐，无咎

颠颐：初九阳刚居下，在下之贤，与六四相应。六四顺正，责任在颐养天下。故必依赖下之富者，从富者调出，再分配到贫者。制度以上养下为顺。四反求下初养，似为颠颐。

吉，六四职责是调配资源养天下。调出丰足，分到不足地区。初九阳刚处下，正应六四，看似以下养上之颠颐，实质是从丰足初九处调出，再统筹分配到贫瘠地区。是六四履行责任，执行制度，故为吉。四与二同为颠颐，二为拂经，四为吉。根源在目的不同。二是悖经自养，又处动体，象只正于动的求下自养，违背常理。四为辅政大臣，责任就是调剂天下富有，救济贫困，求初九所谓颠颐是指履行责任，颐养天下，虽亦称颠颐，却是使天下的颐养，吉之义。

虎视眈眈：仪态威严，密切盯准，使不轻慢。其欲逐逐：急切督促，使不拖延。

六四以阴居四，顺正，正比君位，象养天下辅臣，才堪所任。

虎视眈眈：丰足也难自愿调出，何况被调出者不知调往何处，多不自愿，合情理。又六四柔正，少有威严，故只能以虎视眈眈仪态盯准，使不轻慢松懈。其欲逐逐：急切督促，以尽早调出。

象曰：颠颐之吉，上施光也。

四以“虎视眈眈，其欲逐逐”之“颠颐”结果是“吉”，指上施惠于贫瘠地区的政令能尽早得以光大。

“六二，颠颐，拂经；于丘颐，征凶”，而“六四，颠颐吉，虎视眈眈，其欲逐逐，无咎”，都是“颠颐”却完全相反，由六二象辞“征凶，行失类”和六四象辞“上施光”作了明确回答。中国古时有所谓“邦国”时代，邦国间一定程度上“资源统一调配，再分配”。六四处大臣之位，对初九“颠颐”，是以制度统一调配资源，再调配到资源贫乏地区，使“上施与”更需要地区的制度得以“光大”。非六四自富。而六二要求初九颠倒颐养自己，是个人违纪自富。故为“征凶”且“行失类”。

六三虽非明确颠颐，实质有与六二雷同之处，但更严重，是以不当手段谋取高位，处位与才德完全不符，明显行不以正。故为拂颐，贞凶。十年勿用，无攸利。

启示

六四作为辅政大臣，采富济贫，重新分配财富，这是六四的当有职责。在行使这种职责时，一定要紧紧盯住，不轻慢松懈。

5. 六五，拂经，居贞吉，不可涉大川

六五，拂经。拂，违背。六五阴柔之体居君位，承养天下之任。职责在养人，反赖人养，违拂惯常。但六五顺从上九，通过上九养已，五顺从上九，济天下。居贞吉：虽才不堪任。然正比上九之贤，笃实委信贤师所传，贞固执行，从而泽及天

下，吉利。六阴柔，少贞刚之性，故以“居贞吉”为戒。不可涉大川：阴柔之才，虽倚赖刚贤，只能持循平时，不可涉变故艰难。不可涉大川所指。

象曰：居贞之吉，顺以从上也。

六五得居贞之吉，旨在坚固顺从上九之贤，才堪以养天下之任。

> 启示
>
> 一国领导者如果是阴柔之才，但能倚赖刚贤，也可大吉。但不适合在变革艰难时期担任领导者。

6. 上九，由颐，厉吉，利涉大川

上九，由颐：以刚阳之德，承君师之任。象以刚明施教君王。六五柔顺之君，赖师传之养，得以当天下之任。厉吉：天下由上九得养。虽居最上，却是空位，故需常怀危厉，时时忧勤兢畏，竭尽忠诚而不顾，亦勿忘惕厉之艰。利涉大川：六五柔处君位，才不堪任。倚任上九师传。师竭其才力，济危艰，成治安。上得专任之重，非济危，涉大川，何堪为委遇之贤。

象曰：由颐厉吉，大有庆也。

上九当指导颐养天下大任，又兢畏如是，能持续至终，天下被其德泽，大有福庆。

> 启示
>
> 天子导师，承担天下责任，需要兢兢业业、忧勤忠诚、不忘艰难、持续至终，天下就有大的福庆。

颐卦的提示意义

第一，颐贞吉，养正则吉，颐义养。颐养具有普遍性，没有不需颐养的存在。但颐养方法“以贞”，总恪守贞才能获得预期结果。恪守贞含义有二,一是针对实际情况，选择最急需解决而且能解决的问题，制定相应措施。措施贞，总是合乎需解决的问题，问题得以解决。被解决客体得以壮大，解决主体人增长了才干，亦得以壮大。颐养就是为了壮大。主客体都壮大。客体壮大是主体人壮大的标识。主体人是在解决具体问题中得以壮大的。

第二，要得到贞的结果，主体人首在时时处处关注所面对情况，以因果律为思维主线，逐一解决需解决的问题，制定措施，并实际施行。这是颐养的总体过程，也是所有颐养的通则。

第三，针对具体情况不是空谈，而必须有针对具体措施。面对的实际问题自不必说。就是假设没有实际问题等待解决，而个人选择思考和学习问题，亦都存在各个层面的选择。诸如思考方向，阅读资料，通过资料解决什么问题……只要稍加思考，就有很多问题等待解决，诸多资料等待阅读，诸多的问题等待请教……就算是最脱离实际的读书，也有选择哪一本，重点是什么，要解决什么问题等……，由这些已不难理解“颐之时大矣哉”，颐养之时的作用意义太重要了。

同时也是“慎言语，节饮食”之所指。“慎言语”，表达意见见解当慎重，一事是否至重之事，必须分清主次，不能舍本逐末。二需自己明确清晰。自己不明确清晰，切切不要表达，不可能表达清楚。但可针对不清晰,且认为重要者提出问题请教。

“节饮食”，雷同选择修习内容，当较慎重筛选，不能眉毛胡子一把抓。就如读书说，首先分清大方向，大方向内选择书目。一本书内先读前言概论，根据概论选择章节。也就是说，除非学生教科书，教师已明确并施教了主次。大多书籍，无不有主次。通过目录则可近于发现。

第四,六爻的提示中，至少以下几点当需提及。

首先就颐卦认为“古时认为，女不能自养需从男，阴不能独立必从阳。天子养天下，诸侯养一国，臣食君禄，民赖官养，等等，都是以上养下，为合正理。六二阴柔不能自养，需待人养。”这本身既未必合乎实际，更是大一统文化遗迹，未必适当，可不予关注。但是历史问题，亦未必过多评论。

初九，舍尔灵龟，观我朵颐，凶：这爻最值得肯定之处，就是凡事当立足于自己，立足于自己首先立足于自己的时间和能力。二是不能通过不正当手段达到目的。

六二，颠颐，拂经；于丘颐，征凶：“颠颐，拂经”强调做事不能违背制度规定。制度一旦规定，未得修改，则须遵守不能违背。可以提出意见，但未修改前，若非自己紧急任务，可以尽力回避。“于丘颐，征凶”，如本文解释的象辞“六二征凶，行失类也”，是指失去恪守“中德”的同类，当时绝不能做的。因“中德”是措施正中情况，已找到正中情况的措施，却要放弃，当然是绝不能做的。

六四和六二都是颠颐，结果相反，就是二为私，四为职责责任。

六三，拂颐；六五，拂经。做法近似，结果相反。

大过

巽下兑上

序卦：颐者，养也。不养则不可动，故受之以大过

颐卦义颐养。幼小不成熟，少有见识。随着成长，见识才干范围扩大，水平提高，认识加深。由此既伴随能力超越，又引致需求超越。这两个超越，既是人进步发展的标志，也是社会进步发展的原动力。

人“需求超越和能力超越”，都是在“此前既有”基础上得“养育”而有。诸如或正是最初的射箭逐步提示人认识到需要并创造“导弹”。火药提示人们认识到需要并创造“原子弹”“氢弹”，飞鸟提示人们需要并创造“飞机”。甚至可说是鱼蛙提示人认识到需要并创造“潜艇”“航空母舰”……，总之，人所有制造而具有，都由此前既有“提示，养育，创造”。从此前既有潜移默化受到启发，汲取思想，受到颐养，又开启大过于此前的新成功。这或许正是序卦“颐者养也。不养则不可动，故受之以大过”之深意，也是序卦作者当初不可能想到其作用如此之大的深意。“导弹”远远“大过”于射箭，“飞机”

远远“大过”于飞鸟，“原子弹”“氢弹”远远“大过”于火药所确证的意义。更会有今天的我们不可预见，却必然以更高速度，在未来不断创造出远大过于当下的更神奇成功……所有这些“大过”于其“起源”的更神奇成功，无不是由大过于常人之人所开启完成。

人经过颐养会发展出见识和任事能力，再通过自我见识和任事能力服务社会，通过社会与不同人协力，在共同成就功业的同时，也在与他人交换着相互服务。实质是用自我特长换取了自我无能为力具有的需要。就如医生需要吃饭，却并不直接生产粮食。农民必须看病，却不懂医学……所有人都如此，这个交换“场所”就是由所有人组成的“社会”。任何人都不可能脱离社会，只是习以为常，少有自觉意识。

《易》把人们具有并需要的见识、能力，在最高层面上概括为乾坤，乾主认识，可称为识见，也就是认识能力。坤主做成，可称为执行能力，按照乾的认识，做成实际存在物，故乾坤不能分离。没有乾，坤不知做什么，如何做。没有坤，乾的认识没有实际意义。这是《易》的最基本常识，勿需赘述。只以“乾知大始，坤做成物”八个字概括。由此《易》称乾在先为大，坤继后为小。

当前的“刚大”和“阴小”都是此前养育的结果，此前的继续。养育培养，颐之义。需求和供给永在不懈提高发展，不会停止，超过此前状态。由不断创造大过于此前的新存在，造就并满足着人们需求不断大过于此前。颐养和大过永处于相互助益推进中。这或是《易》于颐后设大过的意义。

“大过”卦象巽下兑上，六爻四阳爻居中，上下为阴。由大过卦象可见，阳刚大者太过分了，不仅多，且居中，大过之义。

卦辞：大过，栋桡，利有攸往，亨

彖曰：大过，大者过也。栋桡，本末弱也。刚过而中，巽而说行，利有攸往，乃亨。大过之时大矣哉。

《易》所有卦的意义，除象征卦义的卦图，还有卦辞，彖传和象辞。象辞又称象传，又因每卦各爻又都有爻象辞，故又称卦象传为大象传，各爻象辞称小象传。象辞主在解释对应卦、爻象征的人文意义。

据传“卦辞”由周文王所著，爻辞由周公所著。是否真实，无可考究，亦无意义。卦爻辞主讲对应卦爻的直接意义，象辞主在揭示对应卦爻的人文意义。

据传彖传和象传为孔子所作。无论是否确实，彖传和象传当是对卦辞最有权威的解释，故只以彖传和象传理解相应卦的意义，当既节省篇幅，又不失其本义。故如无特殊需要，不单独解释卦辞，只解释彖传和象传，通过彖传理解对应卦的意义。通过象传理解对应卦的人文意义。

大过，大者过也。《易》中阳为大，阴为小。阳即“乾”，阴即“坤”。其作用即系辞传指出的“乾知大始，坤作成物”。乾即“阳，刚大”，其职责是“知大始”，总能及时认识情况变化，紧随情况提出新见识，包括所处情况需要做什么，如何做。这“如何做”不是实际做，只是提供如何做的方案。“坤”

紧随乾，其职责是“作成物”。这做成物是按照阳刚规定，一步步实际做成阳刚要求的结果。故坤为“小”，为“顺”。只是坤阴之顺是只顺“阳”，不顺其他。

由上述不难理解大过卦所以称“大过”，就是阳刚过，四阳刚居于卦之中，阴分居边缘。阳刚不仅过越六爻之半，而且居于中。集中，位置关键。大过之义。

栋桡，本末弱也，刚过而中。栋桡：栋向下弯曲。大过，以六爻象栋梁，中间四阳，刚大过重，向下弯曲了。本末弱也：所以向下弯曲，除中间过重外，还因两端阴小，过弱，不堪中间四刚大之重，从中间下沉，栋梁两端过弱，要折断。刚过而中：卦有四刚，超过三，“过中”。都集于中间，中过刚强，两端过弱，或从两端断裂。紧随房屋坍塌，问题重大。

巽而说行，利有攸往，乃亨。卦象象征解决“栋桡”问题的措施原则。巽而说行：两八卦巽内兑外，象内有巽顺之德，外行悦顺。是解除“栋桡”引致房屋坍塌危险的措施原则。内巽，谋划措施的指导思想，措施需完全“巽顺”所面对情况，以所面对情况为基准。这是关键，能做到巽顺外部情况采取措施，会使栋不再桡曲。不会从两端过弱处断裂，房屋安全，自然会有外悦而畅达。利有攸往，乃亨：是以“巽而说行”的原则达到结果的总结概括。即按照“内巽”外部情况为原则采取措施，必能解决“栋桡，本末弱”问题。结果栋不再桡，不会从两端断裂，房屋安全，整个过程“利有攸往，亨通”。

由上述不难理解，大过卦辞和彖传之关键是“内巽”，内在所行巽顺外在情况。按照所处情况需要采取措施，必能达到所期待的结果。处理所有问题都当是内部采取措施巽顺外部情况需要。大过状态自然不例外。

启示

大过卦辞再一次确证，做任何事，都需首先弄清所面对情况需解决的问题。在此基础上，构思可能的最好结果，即能实际实现的最好结果，就是当争取的目的。此后的全部工作是谋划从情况到结果当做的工作。这些工作，能有明确的总体方案最好。实在没有明确的总体方案，就以“以亨行时中”原则，逐步推进。

大过之时大矣哉：大过之时，阳刚大者过于集中之时，象征的意义太大了。四阳集于中，象能认识并提出原则问题者多而集中，能做具体工作者排除在中心之外。这样总体方案少有大问题疏失，重大关键问题，少有大疏失，意义最大。所有工作，都当以面对情况且刚性存在为首要原则，既需首先认识，又需全面及时准确，不能有任何大疏失。《易》称所面对情况为“时”，以“时”制定措施。方案制定者，对措施有相当主动权，可制定多个方案。但对所面对情况，没有任何主动权，只能顺势逐步改变。情况不同，措施不同。凡事全面及时准确掌握情况，为要为先。所采取措施与“时”的关系的原则，是大过卦象“内巽外兑”，内在采取措施，能解决外部情况需要解决的问题。外部问题得以解决，则和悦，是大过卦象征的措施和结果。

启示

制定方案，以面对情况为出发点，以达到外部和悦为目的，从出发点到欲实现结果，中间当做的工作，是以因果律即中国文化所称的“天理”为据。这是可以从思想，及通过对话讨论，从逻辑上获得的。所参与人员，一需了解情况，二需相应知识，三需思路清楚，四需具有解决问题诚意，立场基于解决问题。能如此，大概少有不能解决的问题。

方案制定，很难周及细节。何况同一问题，站在不同角度，对其作用和意义的认识可能有重大差异。故对涉及范围广的问题决策，当尽量避免参与者“同质性”。涉及范围广的问题决策参与者“同质性”，很可能造成重大疏失。

大过的提示意义

象曰：泽灭木，大过。君子以独立不惧，遁世无闷。

泽灭木，大过：大过卦上兑象泽，下巽象木。泽在木上。泽水本当在木下润养木，大过卦象泽在木上，没灭木。水的行为大大超越其当守本分了。

君子以独立不惧，遁世无闷：上述以“泽灭木”为“大过”合乎情理，水本当润养木，最不应做的是没灭木。大过象征“泽灭木”，大大超越泽水当恪守本分，悖逆其当恪守本分。但由此直接引出“君子以独立不惧，遁世无闷”太过牵强，甚至不着边际。只能理解成，不要做过越其本分的事情。这句话本身就有极大矛盾，既是君子，何以会做“大大过越其本分的事情”。更何况是悖逆其当恪守的本分。“泽灭木”是少有的自然现象，遇到这情况，人能做的或是排水，或是移出树木，异地另行栽种。似与“君子以独立不惧,遁世无闷”扯不上关系。即使沿着《易》以天道喻人道，似也很难由“泽灭木”联想到“君子以独立不惧，遁世无闷”。但以卦象四阳集于中，联想到“君子以独立不惧，遁世无闷”似有合逻辑处。阳象刚且明，学识才德集于中，必然遇事首先了解情况，力求及时，准确，全面。这是作为君子“不思而作”的自然之行。首要是准确了解所面对情况。二是以学识才德谋划情况急需措施，使“措施集于中”，正中情况需解决的问题。三是以“集于中的措施”实际“行于外”，达到“外愉悦”的结果。所行只以上述，不以其他，不受任何违背上述的意见干扰，“独立不惧”。

“遁世无闷”，不被世事任用，亦不烦闷。作为君子，不被世事任用,会有足够时间修习学识才德,以提高“学识才德”为最大愉悦，何以会有烦闷。何况以提高“学识才德”为最大愉悦，或不会遁于世外，伊尹于空桑，诸葛处茅庐，何曾遁世。

“君子以独立不惧，遁世无闷”的前提，首先是认识正确。能有大过人之见解，见常人所不见，明常人所不明。越是危难之时，越是意见纷纭，正确见解越难以为众人接受。众人都能接受的见解,不存在“独立”问题。大概也难以称为“大过于人了”。能“不惧”和“无闷”必须基于所掌握情况合乎实际，所谋划措施能圆满解决所处情况的问题。能如此堪称“大过于常人”。

启示

《易》核心思想是唯阴阳协力才能成就功业。只是“独立不惧,遁世无闷”,实际意义又在何处？“独立不惧”,坚持正确意见,是君子本分。若方案脱离实际,不予理睬,何以能纠正？似不可取。坚持正确意见既是需要的，也是可贵的。但若不被理解，又不能使人理解，自我或亦有当检讨之处。无论如何，不能制止错误方案，大概不是自我判断有疏失，不严谨，就是未完全明确清晰认识，当自我反思、审视、梳理。无论如何,对确定无疑的错误,不能说服众人，定是自我才德不济。对确定无疑错误置之不问,或属失职。阳刚失职,当有悔咎,却以“独立不惧,遁世无闷”自命清高，不可取。大象出现上述严谨欠缺，或是象作者轻忽了《易》的核心阴阳协力，以清高自慰，对待工作，似有缺失。

六爻的提示意义

1. 初六，藉用白茅，无咎

初六，巽体主爻，以柔处下，象凡事审慎之至。白茅，白茅花。藉用白茅，任何东西都不直接放在地上，必垫上白茅花，喻凡事审慎之至。无咎:能以此，大概少有过失，故少有悔咎。但是否事事如此，或未必。

象曰：藉用白茅，柔在下也。

阳刚大者过于集中之时,决策当无重大失当。初六处最下，又内卦巽最下，责任在行牝马之贞，严格巽顺所制定方案，以方案实际实施。即以严格执行决策方案为要。何况刚大集于中，决策出现大错误概率很小。初九需要谨慎之至，严格按决策方案执行。除非确有方案失误把握，且情况紧急，当不自行改变决策方案，这符合执行者当恪守的职业操守。

启示

初六阴之始，象征新任工作，或具有新技能，但缺乏实际经验，责任是行牝马之贞，完全顺阳，实施阳刚制定的方案。凡事小心谨慎，尤其关注不甚熟悉的新情况，高度谨慎，严格以合情况需要的方案行动，自然没有悔咎。

2. 九二，枯杨生稊。老夫得其女妻，无不利

自古至今，解易者对九二一阳众说纷纭，各有其据，似又都难以完全令人信服。故另做解释。

大过卦的“杨”即“阳”，用谐音，以杨树喻阳爻。枯杨：树木自下向上生长，九二于诸阳最下，地面以上接近地面下的根部，杨树先生出部分，称枯杨。稊，程传认为新生出的“根”，近是。与初六近比。初六处二下，又阴柔，象埋在地下的新根，地下生出新根。老夫得其女妻，无不利：夫指九二，阳称“夫”。九二亲比初六，相对初老，老夫。女妻即初六，阴故称女妻。九二近比初六，阴阳协力助益，故有

“得”，自然“无不利”。

象曰：老夫女妻，过以相与也。

老夫：老，指九二，相对初为老，指地面上接近地面的树干。九为阳，称夫。女妻，指初六。过以相与也：与，给予。相与，相互给予，互通有无，相互补益。虽处阳刚过度集于中大过之时，但初六之稊与九二正比，象初六完全巽顺执行九二中正于情况的决策方案，能阴阳协力，各司其职，成就功业，“过以相与”之义。

> 启示
>
> 九二处中，制定方案既正中情况，又顾及到初六执行能力，凡有初六技能不具备情况，预先沟通，及时培训，使能胜任。初六谨慎理解，严格执行，自能共成事业，无不利。

3. 九三，栋桡凶

九三以大过之阳，以刚居刚，处不得中，象执意以刚，刚过甚，总失中道，必悖逆众意，拂伤众心。结果独木无助，不堪大过之任，致使栋桡倾覆，“凶”之义。即使粗壮如栋，凡无所辅，永不能成其事。这是因果律，天理。务必切切牢记。

象曰：栋桡之凶，不可以有辅也。

九三所以有栋桡之凶，就是自以为是，刚过不中，人皆远离，不可能有人辅助所致。孙子曰：“先知者，不可取于鬼神，不可象于事，不可验于度，必取于人。”大义是，凡要制定措施，不可能从莫须有的鬼神那里获得。因情况不同，亦不可能比照以往经验猜度。只能通过有认识能力者，针对实际情况，思考讨论。

启示

九三以刚处刚，象自以为是，不考虑实际情况。只与上六相应，远在天外，不与之沟通，无辅助协力。自我以刚处刚，独木难支，“栋桡之凶”的主要责任者。九三所主导事项不可能实际完成，爻辞“栋桡凶”和象辞“栋桡之凶，不可以有辅也”，都是此意。

4. 九四，栋隆，吉。有他，吝

九四，栋隆，吉：九四居近君之位，当大过之任。大过之时非阳刚不能济。九四以刚处柔，象征设计考虑到执行，刚柔相济，减轻了执行负担，故为宜，能使桡栋隆起，吉之义。有他，吝：九四正应初六，象有牵系。但其责任首在减轻四位执行任务，无力协助初六，却仍难割舍，“有他，吝”所指。“吝”，吝啬，难以割舍私情牵系。卦辞栋桡，六爻唯九四有“栋隆”之“吉”，由其以刚处柔，以刚行柔，象征九四设计部分，能周及到众阳都集于中，中间过重情况。其所设计尽力减轻中间执行承负，以使桡之栋再隆起。在关键位置上扭转了危局，有根本意义。能使栋从中间隆起，确证九四虽始有牵系初六之吝，最终选择割舍。解除栋桡之危主在四。

二比初无不利，四应初有他吝，因九二以刚处柔，得中，象九二设计考虑到初六能力，尽量减轻初六工作量，使初六能胜任执行，负担不重，不会断裂，故无不利。而四以刚处柔，自身刚柔得宜，再远系初六，象有难以割舍私情的吝啬。自身已处于刚柔得宜，若旁系初六，必然增加中间负担，加重栋桡，损其刚柔得宜，吝所指。

象曰：栋隆之吉，不桡乎下也。

九四有“栋隆之吉”，不仅中未下桡，反使隆起，亦确证九四未牵系初六，专一于使栋中间隆起，自然吉利。

> 启示
>
> 九四以刚行柔，方案设计考虑到执行，尽量减轻执行难度，能帮助执行顺利进行。对于九四，虽然有不能割舍的私情，但权衡利弊，最终选择割舍，能扭转危局。

5. 九五，枯杨生华。老妇得其士夫，无咎无誉

九五：刚大过于集中之时，五以阳处中，下无应助，亲比上六。枯杨生华：上六象所掌握技术落后，完全不能适应时代，早该离岗的执行者。花，飞絮华秀。枯杨生华，只能生出漂浮乱飞的华秀，无任何实际意义。义为五上亲比上六，无任何实际意义。老妇得其士夫：“老妇”指上六，技术过于落后，早该下岗了。“士夫”指九五，处上卦之中，知识技能虽不先进，但仍能胜任一些适应时代要求的工作。“老妇得”指上六好不容易得到自己技术能被迁就容忍的设计者九五与之合作。无咎无誉：上六技术陈旧是自然规律，非个人过咎。但由不能胜任工作，不能实际完成任务，自然无可赞誉。

象曰：枯杨生华，何可久也。

老妇士夫，亦可丑也。枯杨生华，何可久也：上六技术陈旧，不能胜任时代需要的实际工作，只能瞎忙活，早就该退休颐养天年，不能再继续接任工作了。老妇士夫，亦可丑也：设计和实施必须相互协调适应，才能完成工作。九五和上六协作，虽九五设计尚能适应时代要求，但上六完全不具备相应技能。尽管有时代决定的自然规律原因，但不能适应就该顺应情况，勉强为之，不堪所任，同样不光彩。曾经有过的成就也会遭受毁誉。

6. 上六，过涉灭顶，凶，无咎

上六，过涉灭顶，凶：上六以阴柔处过极，才不堪任，象征企图涉越没灭头顶的河水，即使年轻时能游泳，年老不堪所任，必遭灭顶之灾。很危险。无咎：无视自己实际，不计后果，自我造成灭顶之灾，以致几乎丧失生命，连悔咎的机会都没有了。

象曰：过涉之凶，不可咎也。

自己造就了远超越能力的没顶之灾，除抱怨自己不知天高地厚外，再不能有其他任何可怨咎。

大过卦对人的启示

第一，个体随着见识增加，才干增加，能力会不断超越，同时需求也不断提升。这两个超越，启发人类不断努力，推动社会进步。

第二，个体要取得功绩，认识水平重要，执行能力也很重要。只有认识和执行相互配合，才能顺利完成事业。认识水平高，但执行能力不到位，事情也会功败垂成。

第三，个体解决问题，首先要了解问题、认识问题，同时选择合适的人去解决问题。解决问题所参与人员，一需了解情况，二需相应知识，三需思路清楚，四需具有解决问题的诚意。

第四，人不可能超越时代，当人的才能落伍于时代，当退就要退。如果贪恋权力和影响力，会给事业带来重大损失，也会影响个人的职业声誉。

坎

䷜

坎下坎上

序卦：物不可以终过，故受之以坎。坎者，陷也

物不可以终过，故受之以坎：大过卦象栋梁中间阳刚过于集中，两端阴小过弱，不堪中间之重，可能造成栋梁折断，致使房屋坍塌的险难。《易》为避免发生这类刚大过重危险，在大过后设坎卦。使刚大遭受些陷落，不致刚大继续过而失衡。

坎者，陷也：坎义陷落。两八卦，一阳在中，上下二阴，阴虚阳实，阳陷于二阴之间，上下无据，象阳刚"陷落"，"坎坷"。

《易》以阳居阴中为陷（陷落，险），在上象止，在下象动。阴在上象说（悦），在下象巽（巽顺进入），在中为丽，附着。《易》的基础概念。

卦辞：习坎，有孚，维心亨。行有尚

彖曰：习坎，重险也。水流而不盈，行险而不失其信。维心亨，乃以刚中也。行有尚，往有功也。天险不可升也，地险山川丘陵也。王公设险以守其国。险之时用大矣哉！

习坎，重险也："习"义"重复"。坎义"坑，穴；陷落"，

"险"。"习坎"，多坑穴接续，多重陷落，重险。内坎是坑中之坑，坎中之坎，险中之险。水流而不盈：水在坎内，不盈满不外流。注满坑坎，继续流向低处。只要有低处必先往注满，继续再流向另一坎。注满，出此险。直到注满所有坎，才得出险。行险而不失其信：只要仍有坎存在，总要继续流去，不停止行往险处，不失去总要行往险处的信用。这是水的本性。维心亨，乃以刚中也。维心亨：维，保持，连接。亨，顺利，通达。维心亨：内心保持总要不停涉越险处。乃以刚中也：这是坎卦以刚处中的象征意义，也是水的本有性质。

行有尚，往有功也：行有尚：下行不变，堪嘉尚。往有功：坚持以下行前往，最后必能涉险成功。天险不可升也，地险山川丘陵也。王公设险以守其国：此非坎辞本有，属象传发挥坎卦象征意义，为人所用。天险不可升也：人不可能升至天上。如能有升到天上的措施，则不会被人伤害。地险山川丘陵也：地上之险如山川丘陵。高山和丘陵都以地为基础累积而成。人虽可以到丘陵高山之上，但远比行进在平地上艰难。越高越艰难。河川是下流之水，虽可涉越，都远比走平地艰难，且有危险。王公设险以守其国：由人不可能升到天上。攀登丘陵高山，涉越河川，都远比行走平地艰难。于是王公修筑高高的城墙，挖掘宽宽的护城河，助益守卫家园。《彖传》作者延伸阐述"险"之用。险之时用大矣哉：根据所处情况"时"利用险，甚至人为以情况设置"险"，以适"时"用险，意义太大了。上述"王公设险以守其国"就是例证，而人思想认识能达到的范围广度，程度高度和深度，却不仅限于此。

启示

今天的水库储水，水电站，运河航运，灌溉……意义远不至于“高筑墙，深挖河”守其国。其能用的关键在“适时”。世界上不存在总有益无害的物事，亦不存在总有害无益的物事。利害皆在人之用，用之适时则有益，用之失时则生害。《易》能流传至今，或与其强调凡事“适时”不无关系。

象曰：水洊至，习坎。君子以常德行，习教事。

水洊至，习坎：释卦辞“习坎”。洊，再，一次又一次。水洊至，水总是流向低处，注满一个低处，只要仍有比水面低处，则继续流去再注满。这是指水总以高就下之必然。君子以常德行，习教事：君子观水性总就下不变，一感悟到当法水之德行有常不变，二当法水不变有常之德行是就下，只要仍有低处，则先去注满。由此感悟到，凡见识才德仍有不足，则必需首先注满。

启示

周易多次提示人应当不懈提高自我才德见识。

主爻的象征意义

1. 九二，坎有险，求小得。

坎险之时，九二陷上下二阴之中，象处于至险。有险之义。九二刚中之才，虽未能出险，亦可小有所成，不至陷入深险。九二深处险中而能自保，由其刚中。刚为坚持既定原则不变。中为思考问题总是准确针对所处情况不变。刚有明义，一明所面对情况，二明需解决的问题，三明解决问题的措施及如何实施。这些似如空谈，实是极其明确的“思想原则”。所有哲学都不是提供解决具体问题的“药方”，而是提供思想原则。按照“思想原则”思考，多能解决问题。这是所有学易者，乃至所有学哲学最应该明确的。世界上不存在解决所有问题的具体方法，具体方法都是针对具体问题。问题不同，方法不同。但又的确存在解决问题的统一思路，可称为“思想原则”。能理解统一的“思想原则”，按照思想原则思考针对具体问题的解决方法，几乎没有不能解决的问题。然而具体能否解决，能解决什么，解决的范围、程度，皆在人对“思想原则”理解和运用。

象曰：求小得，未出中也。

九二象阳刚险陷二阴之中，遭遇至险。然而由其刚明，能针对情况采取适当措施，不至再深陷险中，能不再陷深险，为小有所得。这或是当下可能的最好结果。而这当下最好结果，仍然处于险中，未能脱离坎险。时如此，尚需努力。九二刚中，所以仅止于小得，由其处下卦之中，象已陷重险。虽以刚中，由陷二阴之间，且上仍有险，未可立即有作为。故求小得。

> 启示
>
> 凡不可必然得到的都暂不强求，只求制度明确规定必能得到的权益，不存任何侥幸。

2. 九五：坎不盈，祇既平，无咎

坎不盈，祇既平：盈，十足的满，有超越义。“祇”即

“只”，祇既平，近于与坑持平，但未超越。无咎：由深处险中到持平，整个过程中，个人没有处理失当，都是正确的。所以仅与险持平，未出险，因其下无应与，只能自己奋斗。人君刚中之才，任在济天下之险。不能使天下出险，当为有咎。但下无应助，已与坎持平，个人没有失当，故称无咎。

象曰：坎不盈，中未大。

“中未大”，刚中之道未得光大。爻辞“坎不盈，祇既平”，指九五所行的刚中之道未得光大。卦辞有“维心亨”，九五心志会持续努力，致力于出险并亨通。

启示

有刚中之才的领导者，想要带领组织走出困境，仍需要有下级的帮助。

坎卦对人的提示意义

第一，人生总会遭遇些坎险，只是险有大小先后。不存在终生不曾历险之人。随着涉越坎险,自身同时增长着学识才干。

第二，同一情况，对才德学识不济者为坎险，对才德学识足以济者是成就功业之机缘。是机缘还是坎险，只在才德学识所能胜任之近远。

第三，由此人生无它，只在法水之就下，专一一心，寻觅可能遭遇之坎险，修习涉越坎险所需学识才干，从而逐渐减少坎险。一定意义上，才德和功业都成于所历经之坎险。涉越坎险的同时，既成就了功业，同时增长了学识才干。从而变坎险为成就才德功业之机缘。

离下离上

序卦：坎者陷也。陷必有所丽，故受之以离。离者，丽也

坎者陷也。陷必有所丽，故受之以《离》：坎义陷落，掉进，沉下。陷落需有所附着才能摆脱。法此，离卦于坎卦后。离者，丽也：丽义附着，有所依附。陷于险难，有所依附，方可摆脱。常理自然。离义明。或由所有“明”都需有所依附，诸如依附太阳、月亮；依附草木、煤炭、油类燃料，乃至其他能源……。无论明依附何种实体，离明“体虚”是事实。有谁抓住过“光明实体”？似不可能有。这或极发人深思，象凡欲明，需自我抛弃对外物的主观，以其中虚，完全准确容纳外在对象，才能明外在对象。凡有对外在对象的主观，除非巧合，不可能准确明。

卦辞：离，利贞，亨。畜牝牛吉

彖曰：离，丽也。日月丽乎天，百谷草木丽乎土。重明以丽乎正，乃化成天下。柔丽乎中正，故亨。是以畜牝牛吉也。

离，丽也。日月丽乎天，百谷草木丽乎土：离，丽也：离义附丽，附着。释卦名“离”。日月丽乎天，百谷草木丽乎土：日月附着在天上照明天下，百谷草木附着于土上得以生长。释附丽广泛普遍性。

重明以丽乎正，乃化成天下：释卦辞“利贞”。重明：上下两八卦都是离。离，中虚能容，故为明；两八卦都是离，重明。就人运用对象物说，先明对象物所具有之性，对象物自身是什么。再明如何组合，优化，运用对象物所具有之性。重明之义。以丽乎正：丽，附着。正，与目标本有之性一致。离卦讲人的认识，“正”指人认识结果与被认识对象本有一致，相同。所有认识都必须“丽乎正”，才能正确，才为正确。不“丽乎正”必有认识错误。重明以丽乎正：认识对象本有之性及如何运用,这“两明”都附丽并正对对象本有之性。乃化成天下：人按“重明以丽乎正”的原则，认识优化组合对象，能成就人之所用，时间上无尽止，永恒。空间上从大洋深处，直到太空，凡人能具有两明，都能成就其用。反过来说，人凡要成其用,都必须基于上述重明。“重明以丽乎正,乃化成天下”所指。以数学术语说，“重明以丽乎正”既是成就人之用的“充分必要条件”，也是人化成天下的“充分必要条件”。在成就人之用的同时，也是在化成着天下。

故亨：由人“重明以丽乎正”的原则，认识，优化组合运用对象物。所有运用都能顺利成功，不会有阻碍，亨通。

是以畜牝牛吉也：上述“重明以丽乎正”，就是人在认识对象物之性，及如何优化组合它们时，人的认识态度，是完全顺应对象物本有之性，绝无任何悖逆。就像被畜养牝牛那样顺从。由此才得所有优化组合运用都能顺利成功。

象曰：明两作，离。大人以继明照于四方。

明两作，上述对同一物两次不同之明，一明物之性，二明如何顺其性，成就人之用。两次明相继而作，在前明基础上继以再明。照于四方：何止照四方，时空所有方向，时间，无不能照明。今天已经实现，此后会越来越快越多越宏大的实现。开始成就以“继明照于四方”者，只能是学识才德足以胜任之大人。具有什么范围程度的才德，才能照明到相应的范围程度。

相关爻的象征意义

1. 六二：黄离，元吉

坤六五文言传有“君子‘黄中通理’，正位居体，美在其中。而畅于四支，发于事业，美之至也。”古人审美观念认为，黄是和中至为完美周全之色。皇帝服装皆以黄色，即此意。六二，黄离，元吉：六二处中正之位，象准确无误。中虚能容故明，明之准确无误。黄，周详。离，虚中故明，明之周详，故得元吉。周详无误的准确明白之吉。

象曰：黄离元吉，得中道也。以离明坤顺中道，必得元吉。

> **启示**
>
> 要得元吉，需先做到完全准确正对所要处理的对象本有之性。

2. 六五，出涕沱若，戚嗟若，吉

六五居尊位而守中，有文明之德。但下无应助，独自附丽于二强之间，所处危惧。出涕沱若：涕，眼泪或鼻涕；沱，如下大雨的样子；形容悲伤之至，眼泪鼻涕如下大雨。戚嗟若：戚，忧伤；嗟，感叹，叹息。吉：以柔居尊，象王公。忧伤如此，或会反思，从而感动下属来应助。吉之义。

象曰：六五之吉，离王公也。六五悲伤能得吉，指其处明体之尊，能反思过失，会得应助之意。

> *启示*
>
> 处于尊位的领导者，若能战战兢兢，忧虑未来，反思过失，则会得到下属帮助，获得吉祥。

离卦的提示意义

第一，天下为人所用，人化成天下，最核心最根本的还是人的明，明物性，再明如何优化、组合。由此，人的正确认识是人自我修习、提高的重中之重。

第二，要获得正确认识，人需中虚，需要虔诚于真理，一心一意追求真理，不刚愎自用，不虚妄臆想。

第三，对领导者，如能反思过失、居安思危，往往会获得助力；相反，领导者如骄纵自大、唯我独尊，往往成为孤家寡人，不能获得支持。

后记

《周易提示的任事原则》终于校稿完成了。我跟随李自平老师摄入中国传统文化，算来也有十五年的时间。十五年亲历了李老师的呕心沥血，亲历了他的皓首穷经，亲历了一个极端刻苦的人对自己如何不放松，一步步执着地逼近自己的学术梦想。

难以形容李老师对周易的感情，几百万字的读书笔记，为了探寻某个卦的真正意义血压飙升，为了爻辞中的某个字辗转反侧。师母多次劝说他不要这么高强度地投入，要珍惜身体，老师的儿子一听父亲还在专研周易就满心忧虑。对老师而言，这部周易成了他人生的意义和标识。

高山仰止，景行行止。对我而言，何其幸运，能遇到李自平老师，耳濡目染他治学的严谨、为人的宽厚、对我悉心的关怀与培养。更重要的是，李老师的哲学思想、管理理路重塑了我的人生，帮我校准了是非对错的价值坐标，帮我建立了一套处理事情的思维原则。十五年的光阴，我已经从一个博士研究生，成了能独立承担教学科研任务和主持管理实践方案的教师，其中不乏周易思想的启示。

周易是一部奇书，奥妙无穷，似乎穷尽了一切真理。但在李老师的笔下，周易又变得可近可亲。李老师对周易做了他的注解，加入了他对人生深深的思索，也用周易承载了他济世育人的理想。我从中获得了弥足珍贵的思想养料，同时我也对周易做了一些通俗的解释，试图把李老师的语言平实化、通俗化，但却很难保持他那种语言的精炼和深邃。

周易分为上下两经，上经宏大，下经具体；上经涉及思想原则，下经更多涉及具体事务。周易有其一以贯之的思想脉络：尊贤、随时、处正、阴阳协作、阴阳转化等。这些精粹的思想在上经中已经有充分的体现。为了不增加读者的负担，在本书中我们不涉及周易下经，而将另外出版。周易博大精深，智慧无穷，希望有更多人喜爱它，并从这部中华文化瑰宝中吸取更多营养和智慧。

成 瑾

2019 年 12 月于厦门大学